비상하라

비상시대(非常時代)
비상하라

- 초판 1쇄 인쇄 2025년 7월 18일
- 초판 1쇄 발행 2025년 7월 25일

- 지은이 장용성
- 펴낸이 조유선
- 펴낸곳 누가출판사
- 등록번호 제315-2013-000030호
- 등록일자 2013. 5. 7
- 주소 서울시 강서구 공항대로 59다길 276(염창동)
- Tel 02-826-8802, Fax 02-6455-8805
- 정가 15,000원
- ISBN 979-11-85677-93-4

* 파본은 교환해 드립니다.
* 이 출판물은 저작권법에 의해 보호를 받는
  저작물이므로 무단 복제할 수 없습니다.
* 독자의 의견을 기다립니다.
* sunvision1@hanmail.net

광야에서 외치는 자의 소리 ❶

비상시대(非常時代)

비상하라

장용성 지음

출판사 누가

추천서 1

주성민 목사(세계로금란교회, 이루다미니스트리 대표)

장용성 목사님은 선교단체 〈유스비전 미니스트리〉를 통해 다음 세대가 흔들림 없는 기독교 정체성을 지키며 바른 믿음 위에 설 수 있도록 헌신해 오신, 이 시대 가장 탁월한 영적 지도자이십니다. 저는 목사님과 깊은 교제를 통해서 다음 세대를 향한 진심 어린 목사님의 사랑과 열정의 모습을 가까이에서 지켜볼 수 있었습니다.

지금 이 순간에도 목사님께서는 변함없이 나라와 민족, 그리고 교회의 회복을 위해 헌신하고 계십니다. 특히, 영적 부흥의 열쇠가 바로 다음 세대에 있다는 확고한 믿음 아래, 국내외를 망라하는 수많은 캠프와 집회, 강의 사역을 통해 수많은 학생과 젊은이들의 가슴에 이 시대 최고의 부흥강사로서, 그 누구보다 탁월한 능력으로 하나님의 거룩한 비전을 뜨겁게 심어주고 계십니다.

이처럼 귀한 사역에 헌신하고 계신 목사님께서 심혈을 기울여 집필하신 『비상시대 비상하라』는 영적으로 어두운 오늘날, 마치 광야에서 외쳤던 침례/세례 요한의 외침처럼 강력한 영적인 메시지를 담고 있습니다. 목사님은 이 책을 통하여 우리가 하나님을 다시 기억하고, 말씀과 기도의 능력으로 영적으로 힘껏 '비상'해야 한다는 간절하고도 분명한 메시지를 우리에게 전달하고 있습니다.

이 책은 우리가 창조주 하나님을 기억하는 것에서 시작하여, 우리가 영적으로 다시 비상해야 할 분명한 이유, 그리고 말씀과 기도를 통해 어떻게 실제적인 '비상'을 경험할 수 있는지에 대한 구체적인 방법을 제시합니다. 또 복음을 전하는 우리의 사명이 얼마나 소중한지를 강조하며, 하나님께서 맡겨주신 귀한 사명을 성실하게 감당해 나갈 것을 권면하고 있습니다.

장용성 목사님의 깊이 있는 메시지는 이 혼탁한 세상 속에서 우리가 붙들어야 할 신앙의 본질을 다시금 깊이 깨닫게 해주는 생명의 나침반과 같습니다. 저는 이 귀한 책을 통해 많은 이들이 창조주 하나님과의 관계를 회복하고, 말씀과 기도의 능력을 경험하며 영적으로 새롭게 비상하는 삶을 살게 되리라 굳게 확신합니다.

이 책은 다음 세대뿐만 아니라. 메마른 심령에 신앙의 회복과 뜨거운 부흥을 간절히 바라는 모든 이들에게 더없이 귀한 마중물이 될 것입니다. 장용성 목사님의 깊은 신앙과 헌신, 그리고 다음 세대를 향한 뜨거운 사랑과 열정이 담긴 이 책을 여러분께 진심으로 그리고 간절히 추천드립니다.

추천서 2

김성중 교수(장로회신학대학교 기독교교육과 교수,
기독교교육리더십연구소 소장, 대한민국교육봉사단 대표)

비전과 열정의 사역자 장용성 목사님께서 비상시대에 비상하는 법을 우리에게 외치고 있습니다. 전능하신 하나님만 온전히 의지하고, 성령 안에서 말씀, 기도, 구령의 열정, 사명으로 비상하기 원하는 모든 분에게 이 책을 기쁨으로 추천합니다.

추천서 3

민호기 목사 (노래를 만들고 부르는 이, 찬미워십 대표, 대신대학교 교수)

지나치게 열정적인 사람은 낮은 곳으로 침잠하기 어렵고, 사뭇 진중하기만 한 사람은 높이 날아오르기 어렵습니다. 그럼에도 이 두 가지가 동시에 가능하다는 것을 보여 준 이가 있으니, 그가 바로 장용성 목사입니다. 다음 세대를 가슴에 품고 뜨겁게 솟구쳐 오르지만, 하나님의 말씀을 가슴에 품고, 깊고 고요한 곳으로 내려앉는 이! 글만 읽고 있는데도 강단에서 외치는 그의 음성이 지원되는 것 같습니다. 말과 글과 삶이 다르지 않은 이! 멋진 선배 장용성 목사의 책을 기쁨으로 추천합니다.

추천서 4

이명훈 선교사(파라과이한인교회)

『비상시대 비상하라』는 단순한 설교집이 아닙니다. 우리는 지금 숨을 죽이고 그의 메시지에 집중해야 합니다. 왜냐하면 이 책의 저자가 어떤 사람인지 나는 20년 전부터 알고 있기 때문입니다. 그는 평범한 그리스도인으로서의 삶을 버린 지 오래입니다. 나는 그의 삶을 압니다. 그는 20년 전이나 지금이나 변하지 않는 것이 있습니다. 그의 눈에서 나는 이 시대에 잃어버린 성령의 불을 보았고, 그의 입술에서 성령의 회리바람을 느낍니다.

AI 시대의 흐름 속에서 우리가 잃어버린 복음의 본질을 되새기고, 다시금 그리스도인의 정체성과 사명을 붙잡게 하는 그의 회개의 메시지는 평범하지도 평범할 수도 없습니다. 그는 말씀대로 살아가는 사람이기에 불이 있습니다. 사람을 살리는 불, 그리고 그의 메시지에는 강력한 바람의 기운을 느낍니다. 우리를 비상하게 하는 성령의 바람이 그것입니다.

그가 어떤 규모의 교회를 목회하는지, 금전의 여부가 어떠한

지, 어떤 자동차를 타는지, 어떤 근사한 집에서 사는지, 그런 건 그에게 하나도 중요하지 않습니다. 오직 복음, 오직 예수, 오직 성령... 그는 평범하지도 정상적이지도 않습니다. 오직 하나님께 미친 광인입니다. 그 광인의 눈빛과 그의 입술의 권세를 느낄 수 있는 절호의 기회가 왔습니다.

다음 세대라는 광야, 한국교회라는 광야, 이 시대의 광야에서 외치는 자의 소리로서, 이 책은 우리를 다시 주님께 집중시키고 우리를 살게 합니다. 우리를 다시 불태웁니다. 그리고 우리를 다시 성령의 회리바람으로 비상하게 합니다.

이제야 올 게 왔구나! 성령님께서 우리에게 주시는 멋진 선물, 이것입니다.

추천서 5

임우현 목사(번개탄tv 선교회)

비상시대 비상하라

이 땅에 태어나 지금까지 살다 보니 어느새 가정과 교회와 대한민국이라는 공동체의 일원으로 살고 있다는 것을 실감하면서 그 어느 때보다도 지금이, 바로 지금 대한민국을 비롯한 지구 전체가 참 많이 위기인 비상의 시대라는 것이 느껴집니다.

가정 안에 자녀의 문제들과, 교회 안에 다음 세대의 흔들리는 믿음과, 대한민국의 불안한 현실들을 바라보면서 우리가 할 수 있는 일이 뾰족이 없는 것처럼 느껴지니 이보다 힘들고 막막한 것은 없을 것입니다.

바로 이러한 때에 그대로 포기하고 주저앉지 않도록 장용성 목사님의 『비상시대 비상하라』라는 도전의 책이 출판됨을 매우 기쁘게 여깁니다. 이 책을 통해 오늘을 어떻게 살아야 할지 깨달아보며 목사님의 눈물과 간절함으로 쓰신 글들에 함께 동참하길 기도합니다.

비상시대에 비상하라는 말씀을 동시대를 살아가는 많은 분에게 소개할 수 있어 감사드리며, 우리의 작은 비상을 통해 우리의 자녀들과 다음 세대들의 영혼이 함께 비상할 수 있기를 소망해 봅니다.

『비상시대 비상하라』를 통해 다시 새롭게 날아오를 대한민국의 크리스천들과 다음 세대를 기대하면서 이 책을 추천합니다.

추천서 6

장덕봉 목사(요나 3일 영성원 원목, 새행로교회 담임)

무너진 교회, 무너진 대한민국, 무너진 다음 세대를 다시 일으킬 수 있는 영성의 말씀, 심령을 깨우고 회개케 하는 복음의 본질을 선포하는 메시지가 담긴 이 책을 읽는 순간 엘리야의 심정이 느껴졌습니다. 이 시대 꼭 다시 들어야 할 복음의 진수입니다.

CONTENTS

추천서 4
프롤로그 16

Chapter 1
창조주를 기억하라 전 12:1-7 ··· 21

Chapter 2
다시 비상하라 막 5:35-43 ··· 37

Chapter 3
말씀으로 비상하라 마 8:5-13 ··· 53

Chapter 4
기도로 비상하라 행 16:16-34 ··· 71

Chapter 5
성령으로 비상하라 행 2:14-21 ··· 85

Chapter 6
구령의 열정으로 비상하라 롬 10:9-15 ・・・ 107

Chapter 7
열방으로 비상하라 마 28:19-20 ・・・ 129

Chapter 8
사명으로 비상하라 행 20:22-24 ・・・ 147

Chapter 9
푯대를 향하여 비상하라 빌 3:1-14 ・・・ 165

Chapter 10
예수님과 함께 비상하라 요 21:15-19 ・・・ 183

에필로그 204

프롤로그

광야에서 외치는 쉰 소리

회복을 넘어 부흥으로! 다시 부흥은 일어납니다!
정말 일어납니까?

'오징어게임', '더 글로리', '파묘', '지금 우리 학교는', '수리남', '나는 신이다'… 전 세계를 열광시켰던 드라마와 영화들입니다. 이 작품들의 공통점이 무엇인지 모르는 분들은 없으리라 생각합니다. 작품 속 이야기의 소재로 등장하는 배역들 중에 기독교인이 빠지지 않는다는 것입니다. 그것도 혐오스러운 기독교인으로 말입니다. 이런 K-컨텐츠들을 접한 비기독교인들은 기독교인을 향해 '개독교인'이란 단어를 스스럼없이 내뱉습니다.

과거에는 그냥 기독교가 싫거나, 무관심했던 사람들도 이젠 기독교는 반감이 아닌 혐오스러운 종교가 되었을 정도로 기독교의 이미지는 실추했습니다. 가치를 잃어버린 것입니다. 목회데이터연구소의 설문조사에 의하면 무종교인들에게 "향후 종교를 갖는다면 믿고 싶은 종교는 어떤 것이 있는가?"란 질문에 불교

42%, 가톨릭 33%, 개신교 22%로 각각 답했습니다.

왜 이렇게 되었습니까? 무엇이 문제입니까? 비상시대를 지나오면서 한국교회는 위기를 이겨낼 능력이 없었던 것입니다. 다시 말해, 말로는 '하나님 중심, 말씀 중심'이라고 하지만, 정작 위기가 닥쳤을 때 하나님이 아닌 인본주의 방식으로 문제를 해결하려고 했던 것입니다. 교회 안에 수많은 프로그램은 있었지만, 성령의 능력과 나타나심은 없고, 비그리스도인을 향한 복음의 능력은 상실했던 것입니다.

그 어느 때보다 정의와 공정이 사라진 시대, 불법이 난무하고 사랑이 식은 마지막 시대, 미혹하는 자들과 전쟁의 소식들, 미래를 예측할 수 없는 불확실성의 불안한 시대를 살아가고 있는 현대인들 속에 살아가고 있는 그리스도인들의 삶. 아무도 경험해 보지 못한 포스트 코로나 시대를 겪으면서, 영적으로 대처할 능력과 지혜가 없이 무기력하게 예배를 온라인으로 돌리고, 거리두기를 하면서 교회는 더더욱 영적으로 무너지게 되었습니다.

예배와 기도에 목숨 걸었던 다니엘의 신앙, 죽으면 죽으리라는 에스더의 신앙, 복음을 위해 목숨도 아까워하지 않았던 바울의 신앙은 그저 성경의 이야기, 근엄한 목소리로 감동 서리게 예배당을 울려 퍼지게 한 설교에 그쳤던 것입니다. 다음 세대들은 미전도 종족이 되어 교회로 돌아오지 않고, 가나안 신자들은 더

욱 늘어나고, 여전히 빈 의자만 덩그러니 있는 모습을 바라보시는 하나님의 마음은 어떠실까요?

하나님은 여전히 한국교회를 사랑하시고, 안타까워하시며 눈물을 흘리고 계실 것입니다. 하나님께서 바라시는 것은 다시 일어나는 것입니다. 다시 두 날개를 펴고 비상하는 것입니다. 과거에 묻혀 있는 사람이 아니라, 과거를 딛고 다시 일어서는 사람, 다시 하나님의 언약을 붙들고 하나님의 꿈을 향해 '날갯짓'하는 사람을 찾고 계십니다. 새로워진 목회자 한 사람, 그리스도인 한 사람, 무명의 한 사람을 통해 하나님은 오늘도 일하십니다.

늘 그러했듯이 회개 후 더 큰 부흥의 때를 보게 하시는 하나님이시기에, 다시 비상의 나래를 편다면 반드시 역전시켜 주십니다. 지역과 세계 곳곳에서 이미 역전되고 있습니다. 새로운 역사가 일어나고 있습니다.

부흥, 정말 일어납니다. 다음 세대가 일어나고 있습니다.
회복을 뛰어넘는 새로운 역사를 쓰고 있습니다.
예수 그리스도는 어제나 오늘이나 영원토록 동일하십니다.

다음 세대 부흥과 한국교회 영성을 깨우고, 세계 열방에 그리스도의 교회를 세우기 위해 달려온 30여 년, 다시 한 걸음 내딛습니다. 다시 두 팔을 벌려 주께 외칩니다. 광야에서 외치는 자의 소리꾼이 되어 예리한 칼날처럼 쉰 소리로 목소리를 내어봅니다.

주여, 한국교회 다시 비상케 하옵소서!
주여, 비상시대 비상하게 하옵소서!

2025년 5월 하늘의 푸른 꿈을 담은 어느 날

무익한 종 장용성

Chapter 1

창조주를 기억하라
전 12:1-7

¹ 젊을 때에 너는 너의 창조주를 기억하여라. 고생스러운 날들이 오고, 사는 것이 즐겁지 않다고 할 나이가 되기 전에, ² 해와 빛과 달과 별들이 어두워지기 전에, 먹구름이 곧 비를 몰고 오기 전에, 그렇게 하여라. ³ 그 때가 되면, 너를 보호하는 팔이 떨리고, 정정하던 두 다리가 약해지고, 이는 빠져서 씹지도 못하고, 눈은 침침해져서 보는 것마저 힘겹고, ⁴ 귀는 먹어 바깥에서 나는 소리도 못 듣고, 맷돌질 소리도 희미해지고, 새들이 지저귀는 노랫소리도 하나도 들리지 않을 것이다. ⁵ 높은 곳에는 무서워서 올라가지도 못하고, 넘어질세라 걷는 것마저도 무서워질 것이다. 검은 머리가 파뿌리가 되고, 원기가 떨어져서 보약을 먹어도 효력이 없을 것이다. 사람이 영원히 쉴 곳으로 가는 날, 길거리에는 조객들이 오간다. ⁶ 은사슬이 끊어지고, 금그릇이 부서지고, 샘에서 물 뜨는 물동이가 깨지고, 우물에서 도르래가 부숴지기 전에, 네 창조주를 기억하여라. ⁷ 육체가 원래 왔던 흙으로 돌아가고, 숨이 그것을 주신 하나님께로 돌아가기 전에, 네 창조주를 기억하여라.

'비상'이란 단어는 여러 가지 의미가 있습니다. '非常', 이 단어는 '평상시와 다르거나 일상적이지 않은 특별함'이란 의미와 신속하게 대처해야 할 뜻밖의 긴급한 사태를 말할 때 쓰는 단어입니다. 군대에서 위급한 상황이 벌어지면 "비상, 비상, 비상" 세 번을 외칩니다. '비상구(非常口)'도 같은 한자를 사용합니다.

또 다른 의미의 '飛翔', '날비'와 '돌아날 상'자를 써서 명사로 '공중을 날아다님'을 뜻하는 비상입니다. '飛上', 이 비상은 '공중으로 날아서 올라감'이란 뜻으로 어떤 한계를 뛰어넘어 벗어난다는 의미의 비상입니다. 이 외에도 의미가 다른 '비상'이란 단어가 많이 있지만, 비상시대(非常時代)에 비상(飛上)하는 우리가 되길 소원합니다.

어떻게 하면 비상할 수 있을까요? 코로나19 이후 급격히 빨라진 인공지능 5차 산업혁명 시대를 살면서 더더욱 미래를 예측할 수 없는 시대를 살고 있습니다. 우리 어린이들의 미래는 어떻게 될까요? 청소년들의 미래는 안전할까요? 청년들의 미래는 어떨까요? 어른들이야 살 만큼 살았다 하지만 청년들은 아직도 살아야 할 날들이 많습니다. 우리는 미래를 어떻게 준비해야 할까요?

우리는 이미 수년 전부터 AI 시대에 살고 있습니다. 그런데 코로나 시대를 지나면서 AI는 급속히 진화했고, 세계 1위 IT 강대국인 우리나라 전반적인 분야에 사람이 아닌 AI가 그 자리를 차지하고 있습니다. 사람들의 일자리를 AI에게 빼앗기고 있습니다. 웃픈 이야기지만 ChatGPT가 써 준 설교 원고가 더 은혜롭다고 합니다.

이제 얼마 가지 않아 영화로만 봐왔던 로봇이 인간을 지배하는 시대가 올지도 모릅니다. 영화가 현실이 되고 있습니다. 이런 일들은 창조의 질서를 무너뜨리는 일이고, 창조주 하나님을 대적하는 일들입니다. 인간이 창조주가 되려는 도전은 바벨탑 사건 이후로도 계속되었습니다. 세상을 지배하고 정복하고 다스리라고 말씀하셨는데, 인간의 교만과 타락과 죄악의 결과로 인간이 지배당하는 시대가 오게 될 것입니다.

요즘 전 세계의 관심사가 기후변화입니다. 오존층 파괴로 인하여 해수면이 상승해 빙하가 녹고, 북극곰과 꿀벌이 사라지고, 멸종되는 동식물이 생기고 있습니다. 해를 거듭할수록 폭염과 태풍과 폭우와 가뭄이 최고 기록을 갱신하고 있습니다. 전 세계를 뜨겁게 달굴 슈퍼 엘리뇨 현상 때문입니다. 지금 세계는 빠르게 사막화가 되고 있습니다. 지구 곳곳에선 전염병과 지진과 화산이

터지고 있습니다. 전쟁과 테러와 폭동이 일어납니다. 이 모든 것들은 우연이 아닌 마지막 때의 징조입니다.

마 24:6-7 또 너희는 여기저기서 전쟁이 일어난 소식과 전쟁이 일어나리라는 소문을 들을 것이다. 그러나 너희는 당황하지 않도록 주의하여라. 이런 일이 반드시 일어나야 한다. 그러나 아직 끝은 아니다. 민족이 민족을 거슬러 일어나고, 나라가 나라를 거슬러 일어날 것이며, 여기저기서 기근과 지진이 있을 것이다.

우리는 이 말씀을 어떻게 보고 있습니까? 이 말씀을 사실로 믿고 있습니까? 이천 년 전 예수님의 예언이 오늘 우리가 살고 있는 이 시대에 다 일어나고 있다고 생각하지 않습니까? 이 성경대로라면 우리는 어떻게 해야 할까요? 더욱 정신을 차려야 하고, 깨어 기도해야 합니다. 끝까지 믿음으로 견뎌야 합니다. 세상과 타협하지 않고, 잃어버린 한 영혼이라도 구원하려고 몸부림쳐야 합니다. 그런데 이렇게 살아가는 사람들이 얼마나 될까요?

지금은 자다가 깰 때입니다. 세상에 취해 살 때가 아닙니다. 세상일에만 빠져 살 때가 아닙니다. 우리를 부르시고 구원하신 목적을 바로 알고, 그 사명대로 살 때입니다.

마 24:14 이 하늘 나라의 복음이 온 세상에 전파되어서, 모든 민족에게 증언 될 것이다. 그 때에야 끝이 올 것이다.

롬 13:11 여러분은 지금이 어느 때인지 압니다. 잠에서 깨어나야 할 때가 벌써 되었습니다. 지금은 우리의 구원이 우리가 처음 믿을 때보다 더 가까워졌습니다.

지금 세상 돌아가는 것을 잘 봐야 합니다. 왜 이런 일들이 일어나고 있는지를 알아야 합니다. 우연이 아니라, 성경대로 진행되고 있는 것입니다. 그래서 영적으로 비상사태(非常事態)라는 것입니다. 다시 비상(飛上)해야 할 시대입니다. 어떻게 비상해야 할까요?

칠레에 아타카마 사막이 있습니다. 이 사막은 지구상에서 가장 건조한 사막으로 알려진 곳입니다. 그런데 2015년 3월에 놀라운 일이 벌어졌습니다. 연평균 강수량이 15mm인 이 사막에 12시간 동안 7년간의 강수량의 비가 쏟아졌습니다. 그러자 사막에 놀라운 변화가 일어났습니다. 데시에르토 플로리도 Desierto Florido-꽃 피는 사막 현상가 일어난 것입니다. 땅속 깊은 곳에 묻혀 있던 '당아욱'이란 분홍꽃이 핀 것입니다. 아무것도 자라지 않던 사막에 엄청난 비가 쏟아지면서 다시 식물이 자라고, 꽃이 핀 것입니다.

물론 이 또한 슈퍼 엘리뇨 현상 때문이었지만, 이것을 통해 알 수 있는 것은 죽은 땅과 같은 곳에도 비가 내리면 생명이 일어난다는 것입니다. 땅속에 숨어있던 휴면 종자들이 깨어나고, 곤충과 새, 도마뱀 등 여러 동물이 다시 이 사막으로 모여들더라는 것입니다.

성령의 비가 내리면 죽은 심령이 살아납니다. 성령의 비가 흠뻑 내리면 심령의 메마른 땅이 살아납니다. 그러니 하나님께서 성령의 비를 내려 주실 수 있도록 우린 묵은 땅을 갈아엎어야 합니다.

호 10:12 정의를 뿌리고 사랑의 열매를 거두어라. 지금은 너희가 주를 찾을 때이다. 묵은 땅을 갈아 엎어라. 나 주가 너희에게 가서 정의를 비처럼 내려 주겠다.

어린이, 다음 세대들도 묵은 땅을 갈아엎어야 합니다. 불순종의 자식이 아니라, 순종의 자녀로 갈아엎어야 합니다. 어린이들이 예배자가 되고, 기도자가 되어야 합니다. 청소년들도 열심히 공부하며, 복음 전도자의 삶을 살 수 있어야 합니다. 전도하지 않는 사람, 기도하지 않는 사람은 영혼이 죽은 사람입니다. 그런 사람이 어디로 가겠습니까? 천국이겠습니까? 지옥이겠습니까? 돈에만 매여 살지 말고, 성령에 매여 사는 우리가 되어야 합니다. 그럴 때 성령님이 우리의 삶을 책임지십니다. 우리의 삶을 이끄십니다.

행 20:22-24 보십시오. 이제 나는 성령에 매여서, 예루살렘으로 가는 길입니다. 거기서 무슨 일이 내게 닥칠지, 나는 모릅니다. 다만 내가 아는 것은, 성령이 내게 일러주시는 것뿐인데, 어느 도시에서든지, 투옥과 환난이 나를 기다리고 있다는 것입니다. 그러나 내가 나의 달려갈 길을 다 달리고, 주 예수께 받은 사명, 곧 하나님의 은혜의 복음을 증언하는 일을 다하기만 하면, 나는 내 목숨이 조금도 아깝지 않습니다.

사명대로 살아가는 사람은 자신의 목숨을 아까워하지 않습니다. 우리는 무엇을 위해 우리의 목숨을 사용하고 있습니까? 우리의 목숨을 하나님의 은혜의 복음을 증언하는 일에 사용해야 합니다. 환난과 핍박과 고난이 있어도 주 예수께 받은 사명을 위해 달려가야 합니다. 그게 가장 값진 삶입니다. 예수님도 성령에 이끌려 광야로 가십니다(마 4:1). 성령에 이끌릴 때 마귀의 시험도 이길 수 있는 것입니다.

마 4:10-11 그 때에 예수께서 그에게 말씀하셨다. "사탄아, 물러가라. 성경에 기록하기를 '주 너의 하나님께 경배하고, 그분만을 섬겨라' 하였다." 이 때에 마귀는 떠나가고, 천사들이 와서, 예수께 시중을 들었다.

코로나 시기에 주님이 꿈꾸신 교회는 더 하나님을 경배했습니다. 더 하나님만 섬겼습니다. 더 선교했고, 더 어려운 교회를 섬겼습니다. 그랬더니 하나님이 주님이 꿈꾸신 교회를 축복하셨습니다. 세상과 타협하지 않았더니 하나님이 주님이 꿈꾸신 교회를 통해서 일하셨습니다. 이 모든 일을 직접 경험한 사람이 있는가 하면, 눈으로만 본 사람이 있습니다. 삶이 간증이 되고, 기적이 상식이 되어야 하는데, 그렇지 못한 사람도 있습니다. 하나님과의 친밀한 만남이 있어야 하는데, 그렇지 못해 교회를 떠난 사람도 있습니다.

하나님은 우리가 축복의 주인공이 되길 원하십니다. 응답의 주인공이 되길 원하십니다. 하나님은 우리를 통해 일하시길 원하십니다. 우리 다음 세대들을 사용하시길 원하십니다. 우리가 살아 계신 하나님께 쓰임 받으려면 한 살이라도 더 젊을 때 창조주 하나님을 기억해야 합니다. 한 살 한 살 나이 먹을수록 그 사람은 죽음과 가까워지고 있는 것입니다. 심판의 날이 오기 전에, 하루라도 더 젊을 때 나를 창조하신 창조주 하나님을 기억해야 합니다.

전 12:1-2 젊을 때에 너는 너의 창조주를 기억하여라. 고생스러운 날들이 오고, 사는 것이 즐겁지 않다고 할 나이가 되기 전에, 해와 빛과 달과 별들이 어두워지기 전에, 먹구름이 곧 비를 몰고 오기 전에, 그렇게 하여라.

나이가 들어가면 뭘 해도 즐겁지 않습니다. 노안이 와서 눈이 침침해지고, 우리를 보호하던 팔도 떨리고, 정정하던 두 다리도 근육이 빠져 약해지고, 이도 빠져 씹지도 못해 틀니 해야 할 때가 옵니다. 가는 귀가 먹어 무슨 말을 해도 잘 알아듣지 못하고, 그래서 다른 사람이 큰 소리로 말해야 간신히 알아듣는 때가 옵니다. 갈치 장수가 '갈치가 천 원'이라고 하는데, 할머니는 '같이 가

처녀'라고 듣고 좋아합니다. 가수 이찬원의 CD를 선물로 드렸더니, "이게 뭐야? 이천 원 달라고?"라고 합니다.

전 12:3-4 그 때가 되면, 너를 보호하는 팔이 떨리고, 정정하던 두 다리가 약해지고, 이는 빠져서 씹지도 못하고, 눈은 침침해져서 보는 것마저 힘겹고, 귀는 먹어 바깥에서 나는 소리도 못 듣고, 맷돌질 소리도 희미해지고, 새들이 지저귀는 노랫소리도 하나도 들리지 않을 것이다.

나이가 들면 겁이 많아집니다. 다리가 후들거리고, 걷는 것도 무서워질 때가 옵니다. 아무리 좋은 보약을 먹어도 효과가 없습니다. 보약도 젊을 때 먹어야 효과가 있는 것입니다. 이렇게 나이가 들면 우리 앞에 죽음의 문이 기다리고 있습니다. 그러다 알지 못한 시간에 죽은 우리의 육체를 우리의 영혼이 보게 될 것입니다. 그런 날이 오기 전에 창조주 하나님을 기억하라고 솔로몬은 말합니다.

전 12:5-6 높은 곳에는 무서워서 올라가지도 못하고, 넘어질세라 걷는 것 마저도 무서워질 것이다. 검은 머리가 파뿌리가 되고, 원기가 떨어져서 보약을 먹어도 효력이 없을 것이다. 사람이 영원히 쉴 곳으로 가는 날, 길거리에는 조객들이 오간다. 은사슬이 끊어지고, 금그릇이 부서지고, 샘에서 물 뜨는 물동이가 깨지고, 우물에서 도르래가 부숴지기 전에, 네 창조주를 기억하여라.

사람은 흙으로 지음 받았습니다. 하나님의 형상과 모양대로 사람을 흙으로 빚으신 것입니다. 인간은 흙에서 왔기 때문에 다시 흙으로 돌아갑니다. 인간이 아무리 대단한 것처럼 보여도 모든 인간은 죽게 되어 있습니다. 죽고 난 다음에는 반드시 심판이 있습니다.

히 9:27 사람이 한 번 죽는 것은 정해진 일이요, 그 뒤에는 심판이 있습니다.

예수를 믿은 자는 생명의 부활로, 믿지 않은 자는 심판의 부활로 하나님 앞에 서게 될 것입니다. 그때가 언제인지는 알 수 없지만, 그날은 반드시 옵니다. 그날이 오기 전에 창조주를 기억해야 합니다.

전 12:7 육체가 원래 왔던 흙으로 돌아가고, 숨이 그것을 주신 하나님께로 돌아가기 전에, 네 창조주를 기억하여라.

창조주 하나님을 기억하십시오. 우리의 생명은 하나님께로 왔습니다. 우리의 눈, 코, 입을 하나님이 직접 창조하셨습니다. 하나님이 우리를 바라보실 때 얼마나 예쁘셨겠습니까? "나의 사랑하는 딸 아무개야 나는 네가 사랑스럽다"라고 말씀하시는 것입니다. 하나님은 우리를 최고의 작품으로 만드셨습니다.

세상이 갈수록 어두워지고, 인간이 설 자리도 사라지고, 무엇을 해야 할지, 어디로 가야 할지 모르는 시대 속에 살고 있어도, 비상할 수 있는 유일한 길은 창조주 하나님을 기억하는 것입니다. "더 이상 교회는 부흥이 일어나지 않는다. 전도하기 어렵다. 다음 세대들은 교회로 돌아오지 않는다."라고 말을 하지만, 이 말은 사탄의 속임수, 수작일 뿐입니다. 성령님이 함께 하는 교회는 부흥이 일어납니다. 성령의 권능을 받은 사람은 전도하여 열매를 맺습니다. 성령으로 사역하면 다음 세대들은 살아납니다.

한번은 일산에 있는 제자광성교회 다음 세대 연합 부흥회를 인도하러 갔습니다. 유치부부터 장년까지 모든 세대가 한 달에 한 번 함께 하는 부흥회였습니다. 어떤 교회인지 잘 모르고 갔는데 가서 봤더니 영적으로 살아 있는 교회였습니다. 코로나 3년 동안 목숨 걸고 예배를 지키고 기도와 전도를 쉬지 않은 교회였습니다. 동성애와 차별금지법을 적극적으로 반대하고, 퀴어축제를 반대하며, 다음 세대를 말씀으로 지켜내려는 교회였습니다. 확실히 다음 세대들이 살아 있었습니다.

저를 강사로 추천한 분은 그 교회 부목사님이셨습니다. 그 목사님의 아내는 17년 전 유스비전캠프에 와서 은혜받았던 청년이었는데 결혼하여 목회자 아내가 되어 있었습니다. 저를 초청하고 집회를 얼마나 기대했던지 제가 도착하니까 정말 행복해했습니다. 그리고 집회 전 저에게 조심스럽게 한 가지 이야기하는데 요즘 아이들이 내성적이고 반응이 없다고 했습니다. 그리고 집회에 유치부부터 장년부까지 있기 때문에 강사들이 오면 어디에다 초점을 맞춰 설교해야 할지 몰라 힘들어한다고 했습니다. 그러니 미리 알아두라는 것입니다.

담당 사역자는 저녁 6시에 찬양이 시작되고, 50분부터 말씀을 전하고 8시 40분에 모든 순서를 마치면 된다고 했는데, 제가 한 시간을 더 한 것입니다. 예배를 멈출 수가 없었습니다. 아이들이 조금만 더 말씀을 전해달라는 것입니다.

강단에 나와 엎드려 부르짖어 기도하는 어린아이들, 뛰고 춤추며 찬양하는 청소년들, 기쁨의 감격으로 눈물 흘리며 찬양하는 부모 세대들, 모두 하나 되어 감격의 예배를 드린 것입니다. 분명 내성적인 아이들이라 반응이 별로 없을 거라고 했는데, 그 내성이 다 도망가고 영성으로 다 채워졌는지 축제의 시간이었습니다.

더 놀라운 것은 예배가 끝난 후였습니다. 아이들이 기도해 달라고 저에게 오는 것입니다. 아토피에 걸린 아이, 발을 다쳐 깁스한 아이, 발달장애가 있는 아이를 데리고 온 엄마, 한쪽 다리가 짧은 아이를 데리고 온 아빠 등 많은 사람이 기도 받으러 온 것입니다. 그리고 하나님께서 그들을 치유해주셨습니다.

한 여자아이가 저에게 와서 작은 목소리로 "목사님은 무명하지 않아요. 하늘나라에서 제일 유명해요. 그러니 낙심하지 마세요."라고 저를 격려하고 갑니다. 지극히 작고 연약하여도, 창조주 하나님이 하시면 됩니다. 누구도 알아주지 않는 무명한 자이어도, 창조주 하나님이 알아주시면 됩니다. 창조주 하나님을 알면, 지금의 위기를 뛰어넘을 수 있습니다.

한국교회가 다시 비상하여, 악한 시대에 선한 영향력을 더 많이 끼쳐야 합니다. 그 일에 우리는 쓰임 받도록 힘써야 합니다.

주여, 나로 창조주 하나님을 기억하게 하소서!

제자광성교회 다음 세대 연합부흥회 2023.6.1

사랑한다 고맙구나 - 이정미

사랑하는 딸아 고맙구나
너의 작은 몸짓에도 난 행복하단다
너의 존재만으로 충분하단다
네가 있어 난 너무 기쁘단다
사랑하는 아들아 고맙구나
날 위해 그 자리에 있어 줘서
너를 이해한단다
너의 마음을 어찌할 수 없는 연약함을
사랑한다 사랑한다 사랑한다
내 사랑아
내 사랑 안에서 안식하여라
사랑한다 사랑한다 사랑한다
내 사랑아
내 품 안에서 평안하여라

사랑하는 딸아 내 아들아
날 위한 사랑에 벅차구나
내가 늘 함께 할게 너와
언제나 힘을 내렴 내가 함께 할테니
사랑한다 사랑한다 사랑한다
내 사랑아

내 사랑 안에서 안식하여라

사랑한다 사랑한다 사랑한다

내 사랑아

내 품 안에서 평안하여라

힘을 내렴 내가 함께 할테니

말씀 다시 보기 "창조주를 기억하라"

찬양듣기 "사랑한다 고맙구나"

Chapter 2

다시 비상하라
막 5:35-43

35 예수께서 말씀을 계속하고 계시는데, 회당장의 집에서 사람들이 와서, 회당장에게 말하였다. "따님이 죽었습니다. 이제 선생님을 더 괴롭혀서 무엇하겠습니까?" 36 예수께서 이 말을 곁에서 들으시고, 회당장에게 말씀하셨다. "두려워하지 말고 믿기만 하여라." 37 그리고 베드로와 야고보와 야고보의 동생 요한 밖에는, 아무도 따라오는 것을 허락하지 않으셨다. 38 그들이 회당장의 집에 이르렀다. 예수께서 사람들이 울며 통곡하며 떠드는 것을 보시고, 39 들어가셔서, 그들에게 말씀하셨다. "어찌하여 떠들며 울고 있느냐? 그 아이는 죽은 것이 아니라 자고 있다." 40 그들은 예수를 비웃었다. 그러나 예수께서는 그들을 다 내보내신 뒤에, 아이의 부모와 일행을 데리고, 아이가 있는 곳으로 들어가셨다. 41 그리고 아이의 손을 잡으시고 말씀하셨다. "달리다굼!" (이는 번역하면 "소녀야, 내가 네게 말한다. 일어나거라" 하는 말이다.) 42 그러자 소녀는 곧 일어나서 걸어 다녔다. 소녀의 나이는 열두 살이었다. 사람들은 크게 놀랐다. 43 예수께서, 이 일을 아무에게도 알리지 말라고 그들에게 엄하게 명하시고, 소녀에게 먹을 것을 주라고 말씀하셨다.

지금은 비상시대(非常時代)라고 했습니다. 천지창조 이후 가장 비정상적인 시대를 우리는 살아가고 있습니다. 창조의 질서는 깨지고, 인간의 타락은 극도로 달하고, 하나님을 대적하며, 인간 스스로 창조주가 되려는 노력의 결실을 이 시대에 보고 있다고 해도 과언이 아닙니다. 이런 시대가 갑작스럽게 일어난 것이 아닙니다. 이미 성경은 이런 시대가 올 것이라고 예언했습니다.

딤전 4:1 성령께서 환히 말씀하십니다. 마지막 때에, 어떤 사람들은 믿음에서 떠나, 속이는 영과 마귀의 교훈을 따를 것입니다.

딤후 3:1-5 그대는 이것을 알아두십시오. 말세에 어려운 때가 올 것입니다. 사람들은 자기를 사랑하며, 돈을 사랑하며, 뽐내며, 교만하며, 하나님을 모독하며, 부모에게 순종하지 아니하며, 감사할 줄 모르며, 불경스러우며, 무정하며, 원한을 풀지 아니하며, 비방하며, 절제가 없으며, 난폭하며, 선을 좋아하지 아니하며, 배신하며, 무모하며, 자만하며, 하나님보다 쾌락을 더 사랑하며, 겉으로는 경건하게 보이나, 경건함의 능력은 부인할 것입니다. 그대는 이런 사람들을 멀리하십시오.

왜 갈수록 사람들은 하나님을 떠날까요? 창조주 하나님을 사랑하기보다는 자기를 사랑하고, 돈을 사랑하고, 쾌락을 사랑합니다. 교만하고 하나님을 모독합니다. 부모에게 순종하지 않고, 난폭하고 선을 좋아하지 않습니다. 이 말씀은 안 믿는 사람들에게 하신 말씀이 아닙니다. 하나님을 믿는다고 하면서 교회를 다니는 종교인들에게 하신 말씀입니다.

종교인들은 겉으론 경건하게 보입니다. 그러나 경건함의 능력은 부인하는 사람들입니다. 교회는 다니지만, 창조주 하나님을 기억하지 않고, 예수님을 주님으로 믿지 않는 사람들입니다. 이런 사람들을 향해 예수님은 회칠한 무덤과 같은 위선자들이라고 책망하셨습니다.

마 23:27 율법학자들과 바리새파 사람들아! 위선자들아! 너희에게 화가 있다. 너희는 회칠한 무덤과 같기 때문이다. 그것은 겉으로는 아름답게 보이지만, 그 안에는 죽은 사람의 **뼈**와 온갖 더러운 것이 가득하다.

종교인들이 예배 생활을 하지 않는 것이 아닙니다. 주일이면 교회는 나갑니다. 가끔 헌금도 하고, 더 열심인 사람은 십일조도 하고, 기도회도 참석합니다. 유명한 찬양모임도 많이 찾아다닙니다.

마 23:23 율법학자들과 바리새파 사람들아! 위선자들아! 너희에게 화가 있다! 너희는 박하와 회향과 근채의 십일조는 드리면서, 정의와 자비와 신의와 같은 율법의 더 중요한 요소들은 버렸다. 그것들도 소홀히 하지 않아야 했지만, 이것들도 마땅히 행해야 했다.

이런 종교인들에게는 하나님의 나라를 위한 정의와 하나님을 사랑하는 마음과 믿음이 빠져 있습니다. 소홀히 하지 말아야 할 것을 소홀히 하며 하나님을 잘못 예배하는 것입니다. 예배가 없는 것이 아니라 헛된 예배를 하고 있는 것입니다.

마 15:8-9 이 백성이 입술로는 나를 공경해도, 마음은 나에게서 멀리 떠나 있다. 그들은 사람의 훈계를 교리로 가르치며, 나를 헛되이 예배한다.

이런 사람들 때문에 하나님을 믿으려고 했다가 시험 들어 하나님을 믿지 않는 사람들도 있습니다. 하나님 나라에 들어가지 못하게 막는 사람들입니다. 누가요? 먼저 믿은 사람들이, 그것도 종교 지도자들이 말입니다.

마 23:13 율법학자들과 바리새파 사람들아! 위선자들아! 너희에게 화가 있다. 너희는 사람들이 들어오지 못하도록 하늘 나라의 문을 닫기 때문이다. 너희는 자기도 들어가지 않고, 들어가려고 하는 사람도 들어가지 못하게 하고 있다.

목회자들이 영적으로 깨어 있어서, 잘못된 길로 가고 있는 성도들을 바로 잡아주고, 하나님이 원하시는 삶으로 살도록 인도해야 하는데, 소경이 되고, 귀가 막혀 하나님의 음성도 듣지 못하고, 짖지도 못하는 벙어리 개가 되어 있는 목회자들도 많이 있다는 것입니다. 하나님은 이사야 선지자를 통해서 그런 자들을 경고하셨습니다.

사 56:10-11 백성을 지키는 파수꾼이라는 것들은 눈이 멀어서 살피지도 못한다. 지도자가 되어 망을 보라고 하였더니, 벙어리 개가 되어서 야수가 와도 짖지도 못한다. 기껏 한다는 것이 꿈이나 꾸고, 늘어지게 누워서 잠자기나 좋아한다. 지도자라는 것들은 굶주린 개처럼 그렇게 먹고도 만족할 줄을 모른다. 백성을 지키는 지도자가 되어서도 분별력이 없다. 모두들 저 좋을 대로만 하고 저마다 제배만 채운다.

이런 타락한 종교 지도자들이 성전에 들어오지 못하게 누가 문을 닫아버렸으면 좋겠다고 하나님은 말씀하셨습니다.

말 1:10 너희 가운데서라도 누가 성전 문을 닫아 걸어서, 너희들이 내 제단에 헛된 불을 피우지 못하게 하면 좋겠다! 나는 너희들이 싫다. 나 만군의 주가 말한다. 너희가 바치는 제물도 이제 나는 받지 않겠다.

지난 코로나 3년은 세속화된 종교 지도자들 때문에 하나님께서 교회 문을 닫게 하신 징계의 날이었습니다. 종교 지도자들은 많은 것 같은데, 목자 없이 길 잃은 양처럼 고생하고 있는 모습이 예수님 시대뿐이 아니었습니다. 저희 교회도 한 달간 '예배 바로 세우기 캠페인'을 했지만 그때뿐이었습니다. 1~2주 지나니까 예전의 모습으로 돌아갔습니다. 그래서 교회 오지 못하도록 교회 문을 한 달간 닫겠다고 했는데, 진짜 하나님이 전 세계 교회 문을 닫게 하신 것입니다.

하나님의 경고 사인을 깨닫고 목회자들이 먼저 회개하고, 하나님 앞에 엎드리고, 예배에 목숨 걸었어야 했는데, '죽으면 죽으리라'는 다니엘과 같은 신앙은 없었습니다. 전염병을 두려워하고, 정부와 권력, 기관을 두려워했습니다. 어떤 목회자들은 "교회가 잘못했습니다."라는 현수막까지 내걸었습니다. 그럴 때 저는 "교회가 뭘 잘못했습니까? 교회가 코로나를 퍼뜨렸습니까? 코로나라는 전염병을 무기로 교회를 탄압하고 있으니 정신을 차려서 우리는 더욱 예배하고, 모이기를 힘써야 합니다."라고 했습니다.

그래서 우리는 3년 동안 더 열심히 모였고, 더 많이 선교했고, 더 많이 어려운 교회들을 섬겼습니다. 코로나 기간에도 단 한 번도 유스비전캠프를 쉬지 않았습니다. 비대면이 아닌 대면캠프를 진행했습니다. 그랬을 때 하나님께서 더 많은 일을 하셨습니다.

위기는 축복의 기회이며, 기도하라는 신호탄입니다. 기도하면 응답을 받습니다. 하나님께서 준비해 두신 '여호와 이레' 축복을 받습니다. 위기가 왔을 때 두려워서 도망치는 사람은 적이 쏜 화살에 맞고 쓰러지는 것입니다. 그래서 위기를 견디지 못하고 믿음에서 떨어져 나간 사람들이 많이 있습니다. 사탄에게 미혹된 것입니다. 영적 분별력이 없으니 세상 길로 간 것입니다.

그러나 믿음의 사람은 오직 잃어버린 영혼 구원과 세계 복음화를 위해 물질을 드리고 삶을 드렸습니다. 분명한 목표가 있었기 때문입니다. 그 목표는 하나님께 그리스도 예수 안에 있는 사람으로 인정받으려는 것이었습니다. 예수 그리스도를 아는 지식이 가장 고상하고, 그분을 따르는 삶이 가장 고귀하기에 하나님께서 부르신 부르심의 상을 받으려고 푯대를 향하여 달려온 것입니다. 바울은 다음과 같이 고백했습니다.

빌 3:7-15 [그러나] 나는 내게 이로웠던 것은 무엇이든지 그리스도 때문에 해로운 것으로 여기게 되었습니다. 그뿐만 아니라, 내 주 예수 그리스도를 아는 지식이 가장 고귀하므로, 나는 그 밖의 모든 것을 해로 여깁니다. 나는 그리스도 때문에 모든 것을 잃었고, 그 모든 것을 오물로 여깁니다. 나는 그리스도를 얻고, 그리스도 안에 있는 사람으로 인정받으려고 합니다. 나는 율법에서 생기는 나 스스로의 의가 아니라, 그리스도를 믿는 믿음으로 말미암아 오는 의 곧 믿음에 근거하여, 하나님에게서 오는 의를 얻으려고 합니다. 내가 바라는 것은, 그리스도를 알고, 그분의 부활의 능력을 깨닫고, 그분의 고난에 동참하여, 그분의 죽으심을 본받는 것입니다. 그리하여 나는 어떻게 해서든지, 죽은 사람들 가운데서 살아나는 부활에 이르고 싶습니다. 나는 이것을 이미 얻은 것도 아니며, 이미 목표점에 다다른 것도 아닙니다. 그리스도 [예수]께서 나를 사로잡으셨으므로, 나는 그것을 붙들려고 좇아가고 있습니다. 형제자매 여러분, 나는 아직 그것을 붙들었다고 생각하지 않습니다. 내가 하는 일은 오직 한 가지입니다. 뒤에 있는 것은 잊어버리고, 앞에 있는 것을 향하여 몸을 내밀면서, 그리스도 예수 안에서, 하나님께서 위로부터 부르신 그 부르심의 상을 받으려고, 목표점을 바라보고 달려가고 있습니다. 그러므로 누구든지 성숙한 사람은 이와 같이 생각하십시오. 여러분이 무엇인가를 달리 생각하면, 하나님께서는 그것도 여러분에게 드러내실 것입니다.

이렇게 사는 사람이 성숙한 그리스도인입니다.

푯대를 향하여 - 어노인팅

내게 유익하던 것을 다 해로 여기네
구주를 위하여 모두 다 버리네
모든 것을 잃어버려도 나 아깝지 않음은

예수를 아는 지식이 가장 고상함이라
육체를 신뢰하지 않고 겸손한 마음으로
부활의 능력과 고난에 참여하며
그의 죽으심을 본받아 그리스도를 얻고
예수의 안에서 발견되려 함이라
푯대를 향하여 그리스도 예수 안에서
부름의 상을 위하여 달려가노라
이전에 있는 것은 모두 잊어버리고
앞에 계신 그리스도께로 달려가노라
율법에서 난 것이 아니요
오직 그리스도를 믿는 믿음으로 난 것이라
푯대를 향하여 그리스도 예수 안에서
부름의 상을 위하여 달려가노라
이전에 있는 것은 모두 잊어버리고
앞에 계신 그리스도께로 달려가노라

비상시대에 푯대를 향하여 다시 비상하는 우리가 되어야 합니다.

위기는 우리의 믿음을 시험해 볼 수 있는 기회입니다.
위기는 믿음의 단계를 업그레이드시킬 수 있는 디딤돌입니다.
위기를 축복으로 만드는 사람이 믿음의 사람입니다.

회당장 야이로의 이야기입니다. 예수님께서 거라사 지역에서 귀신 들린 자를 고쳐주시고 다시 배를 타고 맞은편으로 건너오시자 많은 사람이 예수님께로 몰려들었습니다. 예수님께 몰려온 사람들은 여러 가지 이유로 예수님을 찾았습니다. 배고픔을 채우기 위해 온 사람, 질병에서 고침 받으려고 온 사람, 하나님 나라에 관한 말씀을 듣고 싶어서 온 사람, 신기한 기적을 행한다고 하니 구경 온 사람, 사람들이 몰려가니까 무슨 일인가 궁금해서 군중심리에 온 사람, 이런저런 이유로 모인 사람들입니다.

우리는 왜 예수님을 믿습니까? 우리는 왜 교회에 다닙니까? 교회에서 주는 점심이 맛있어서 다닙니까? 어떤 목적을 가지고 예수님께 나아갑니까?

예수님이 마을에 오셨다는 소식을 들은 회당장 야이로가 예수님께 찾아와 발아래 엎드립니다. 그리고는 "내 어린 딸이 죽게 되었습니다. 오셔서 그 아이에게 손을 얹어 고쳐주시고, 살려 주십시오."라고 간곡히 청하는 것입니다.

사랑하는 어린 딸이 병들어 죽게 되었을 때 부모의 심정이 어떻겠습니까? 자녀를 낳아 길러본 부모님들은 이 심정이 어떤지 잘 아실 것입니다. 자식을 길러보지 않은 자녀들은 모릅니다. 내 몸이 아픈 것은 참을 수 있는데, 자식이 아프면 부모는 견딜 수 없는 고통의 시간을 보냅니다. 차라리 내가 아팠으면 하는 생각을 합니다. 병원에서도 안 되고, 내가 해볼 수 있는 일은 다 해 봤지만, 병은 낫지 않고, 아이의 숨은 가빠지고, 눈이 풀리고, 축 처진 채 기운을 잃어가는 자식을 지켜보는 부모의 마음은 어떻겠습니까?

심장이 찢어지는 듯한 고통 속에 있던 야이로는 예수님이 마을에 오셨다는 소식을 듣고 단숨에 달려갑니다. 그리고 그 발 앞에 바짝 엎드린 것입니다. 회당장이란 지위와 자존심을 내려놓고 겸손히 엎드린 것입니다. 자신의 문제를 해결해 주실 수 있는 분은 오직 예수님밖에 없음을 고백하는 결단과 행동이었습니다.

인생 가운데 아직 해결되지 않은 문제가 있습니까? 내 힘으로 도저히 할 수 없는 문제가 있습니까? 아니면 아직도 해결해 보려고 아등바등하고 있습니까? 얼마나 더 무너져야 예수님을 찾으시겠습니까? 예수님께로 나아가십시오. 예수님께 엎드리면 됩니다. 그리고 간청하십시오. 지금은 기도할 때입니다. 기도하면 주님은 들으십니다. 믿음의 기도는 병든 자를 일으킵니다.

벧전 3:12 주님의 눈은 의인들을 굽어보시고, 주님의 귀는 그들의 간구를 들으신다. 그러나 주님은 악을 행하는 자들에게서는 얼굴을 돌리신다.

약 5:15 믿음으로 간절히 드리는 기도는 병든 사람을 낫게 할 것이니, 주님께서 그를 일으켜 주실 것입니다. 또 그가 죄를 지은 것이 있으면, 용서를 받을 것입니다.

예수님은 야이로의 간구를 들으시고 고쳐주러 가십니다. 가는 길에 열두 해를 혈루증으로 고통당하던 여인이 예수님의 옷자락을 만지고 고침을 받습니다. 이 여인도 야이로의 사정과 다를 바 없었습니다.

막 5:26 여러 의사에게 보이면서, 고생도 많이 하고, 재산도 다 없앴으나, 아무 효력이 없었고, 상태는 더 악화되었다.

이 여인도 문제의 해답은 오직 예수밖에 없다고 믿었습니다.

"예수가 답이다!"

그렇습니다. 예수님이 답입니다. 이 믿음만 있으면 어떤 병이든 고침 받습니다. 하나님이 하시면 못 하실 일 없고, 못 고칠 병이 없습니다. 예수님께서 혈루병에서 고침 받은 여인과 얘기하는 동안 회당장 집에서 온 사람들이 야이로에게 딸이 죽었으니 더 이상 선생님을 괴롭히지 말라고 말합니다.

막 5:35 예수께서 말씀을 계속하고 계시는데, 회당장의 집에서 사람들이 와서, 회당장에게 말하였다. "따님이 죽었습니다. 이제 선생님을 더 괴롭혀서 무엇하겠습니까?"

이 사람들의 생각은 딸이 죽었으니 예수님도 이제는 더 이상 아무것도 할 수 없다는 것입니다. 살아 있을 때는 좀 어떻게 해서 병을 고칠 수 있을지 모르겠지만, 죽은 다음에는 천하에 예수님이라도 할 수 없을 것이라고 생각한 것입니다. 때로는 기도했는데 상황이 더 악화될 수도 있습니다. 우리가 바라는 대로 되지 않을 수도 있습니다. 꼬일 대로 꼬일지라도 우리에게 필요한 것은 절대적인 믿음입니다.

막 5:36 예수께서 이 말을 곁에서 들으시고서, 회당장에게 말씀하셨다. "두려워 하지 말고 믿기만 하여라."

절망에 빠진 회당장에게 예수님은 두려워하지 말고 믿기만 하라고 말씀하십니다. 사람들의 부정적인 말에 동요되지 말라는 것입니다. 현실을 보지 말고 믿음을 붙들라는 것입니다. 현실은 딸이 죽은 것입니다. 지금 나의 현실은 건널 수 없는 홍해 바다 앞일 수 있고, 갈릴리 호수 한가운데서 큰 파도와 풍랑에 흔들리는 작은 배일 수도 있습니다. 현실은 절망이지만 믿음은 희망입니다. 현실은 슬픔이지만 믿음의 눈을 열면 기쁨의 화관입니다.

예수님이 베드로와 야고보와 요한만을 데리고 회당장의 집에 도착했을 때 애곡하는 사람들의 소리가 들렸습니다. 그래서 그들에게 예수님은 아이가 죽은 것이 아니라 자고 있다고 말씀하십니다. 그 말을 들은 사람들의 반응은 어땠습니까?

막 5:39-40 들어가셔서, 그들에게 말씀하셨다. "어찌하여 떠들며 울고 있느냐? 그 아이는 죽은 것이 아니라 자고 있다." 그들은 예수를 비웃었다. 그러나 예수께서는 그들을 다 내보내신 뒤에, 아이의 부모와 일행을 데리고, 아이가 있는 곳으로 들어가셨다.

예수님의 말씀에 사람들은 비웃습니다. 말 같지도 않은 소리 하지 말라는 것입니다. 예수님을 믿지 않는 사람들은 예수님의 말씀이 웃기는 말로 들리는 것입니다. 세상 사람들은 예수만이 구원이라는 말을 웃기는 소리로 듣습니다. "예수가 길이요, 진리요, 생명이요, 답"이란 말을 헛소리로 여깁니다. 천국과 지옥이 있다는 말에 비웃습니다. 교회를 다니면서도 하나님의 말씀을 전적으로 믿지 않는 사람들도 약간의 종교성만 있을 뿐이지, 사실 별 다를 바 없습니다. 대놓고 비웃지 않을 뿐이지 똑같습니다. 예수님은 그런 사람들과는 함께 일하지 않으십니다. 예수님의 말씀에 비웃는 자가 아니라 믿는 자가 되어야 합니다. 예수님께 쫓겨나는 자가 아니라 함께 하는 자가 되어야 합니다. 예수님은 그들을 다 내보내시고 아이의 부모와 일행만 데리고 아이가 있는 곳으로 들어가십니다. 그리고 아이에게 말씀하셨습니다.

"달리다굼, 소녀야 일어나라!"

예수님은 아이의 손을 잡으시고 외치셨습니다. 그러자 소녀는 곧 일어나 걸어 다닙니다.

막 5:41-42 그리고 아이의 손을 잡으시고 말씀하셨다. "달리다굼!" (이는 번역하면 "소녀야, 내가 네게 말한다. 일어나거라" 하는 말이다.) 그러자 소녀는 곧 일어나서 걸어 다녔다. 소녀의 나이는 열두 살이었다. 사람들은 크게 놀랐다.

주님은 우리에게 말씀하십니다. "사랑하는 아들아, 사랑하는 딸아 달리다굼! 일어나라! 죽은 영혼아 다시 일어나라! 다시 비상하라!" 주님의 음성이 들리면 죽은 자도 살아납니다. 주님을 소망하는 사람은 새 힘을 얻을 것이고, 독수리가 날개 치며 올라가듯 비상할 것입니다. 뛰어도 지치지 않고, 걸어도 피곤하지 않을 것입니다.

사 40:31 오직 주님을 소망으로 삼는 사람은 새 힘을 얻으리니, 독수리가 날개를 치며 솟아오르듯 올라갈 것이요, 뛰어도 지치지 않으며, 걸어도 피곤하지 않을 것이다.

달리다굼!
죽은 영혼아, 다시 살아나라!
한국교회여, 다시 비상하라!

2022년 여름유스비전캠프 "회복을 넘어 부흥의 새역사를 쓰자"

설교 다시 보기 "다시 비상하라"

찬양 듣기 "달리다굼"

Chapter 3

말씀으로 비상하라
마 8:5-13

⁵ 예수께서 가버나움에 들어가시니, 한 백부장이 다가와서, 그에게 간청하여 ⁶ 말하였다. "주님, 내 종이 중풍으로 집에 누워서 몹시 괴로워하고 있습니다." ⁷ 예수께서 그에게 말씀하셨다. "내가 가서 고쳐 주마." ⁸ 백부장이 대답하였다. "주님, 나는 주님을 내 집으로 모셔들일 만한 자격이 없습니다. 그저 한마디 말씀만 해주십시오. 그러면 내 종이 나을 것입니다. ⁹ 나도 상관을 모시는 사람이고, 내 밑에도 병사들이 있어서, 내가 이 사람더러 가라고 하면 가고, 저 사람더러 오라고 하면 옵니다. 또 내 종더러 이것을 하라고 하면 합니다." ¹⁰ 예수께서 이 말을 들으시고, 놀랍게 여기셔서, 따라오는 사람들에게 말씀하셨다. "내가 진정으로 너희에게 말한다. 나는 지금까지 이스라엘 사람 가운데서 아무에게서도 이런 믿음을 본 일이 없다. ¹¹ 내가 너희에게 말한다. 많은 사람이 동과 서에서 와서, 하늘 나라에서 아브라함과 이삭과 야곱과 함께 잔치 자리에 앉을 것이다. ¹² 그러나 이 나라의 시민들은 바깥 어두운 데로 쫓겨나서, 거기서 울며 이를 갈 것이다." ¹³ 그리고 예수께서 백부장에게 "가거라. 네가 믿은 대로 될 것이다." 하고 말씀하셨다. 바로 그 시각에 그 종이 나았다.

하나님은 창조주이십니다. 하나님은 말씀으로 모든 만물을 무에서 유를 창조하셨습니다. 혼돈과 공허와 어둠이 깊게 자리 잡고 있던 곳에 "빛이 있으라!" 말씀하시니 빛이 생겨났습니다. 하늘의 해와 달과 별도 말씀으로 창조하셨습니다. 하나님의 말씀 앞에 만물이 복종한 것입니다.

창 1:1-3 태초에 하나님이 천지를 창조하셨다. 땅이 혼돈하고 공허하며, 어둠이 깊음 위에 있고, 하나님의 영은 물 위에 움직이고 계셨다. 하나님이 말씀하시기를 "빛이 생겨라" 하시니, 빛이 생겼다.

말씀은 곧 하나님이십니다. 이 말씀은 태초에 하나님과 함께 계셨습니다.

요 1:1 태초에 '말씀'이 계셨다. 그 '말씀'은 하나님과 함께 계셨다. 그 '말씀'은 하나님이셨다.

말씀이 없는 인생은 공허합니다. 말씀이 없는 인생은 어둠이 사로잡습니다. 말씀이 없는 인생은 영적 우선순위가 없으니 꼬일 대로 꼬인 혼돈의 상태로 삶을 힘겹게 살아가는 것입니다. 하나님의 말씀이 들어가면 혼돈하던 곳은 정리가 되고, 공허한 곳엔 생명으로 채워지고, 어둠이 깊은 곳엔 빛 되신 말씀이 들어가 어둠이 떠납니다. 하나님의 말씀이 선포될 때, 우리의 영혼과 삶에 혼돈과 공허와 어둠이 주님의 이름으로 떠나가야 합니다.

하나님은 하나님의 형상과 모양대로 인간을 창조하셨는데, 흙으로 사람을 지으시고, 코에 생기를 불어넣어 생명체가 되게 하셨습니다. 그래서 육체는 흙에서 왔기에 땅에서 나는 것들을 먹어야 살 수 있지만, 인간의 영혼은 하나님의 생기로부터 왔기 때문에 하나님의 호흡, 하나님의 영의 말씀을 먹어야만 살 수 있습니다. 말씀이 내 영을 살리는 생명의 양식이기 때문입니다.

신 8:3 주님께서 당신들을 낮추시고 굶기시다가, 당신들도 알지 못하고 당신들의 조상도 알지 못하는 만나를 먹이셨는데, 이것은, 사람이 먹는 것으로만 사는 것이 아니라 주님의 입에서 나오는 모든 말씀으로 산다는 것을, 당신들에게 알려 주시려는 것이었습니다.

하나님은 최초 인간 아담에게 영적인 존재로 살아갈 수 있는 생명의 말씀을 주셨습니다. 그것은 선악을 알게 하는 나무의 열매를 먹지 말라는 말씀이었습니다. 먹는 날에는 반드시 죽는다고 말씀하셨습니다. 그런데 아담은 하나님의 말씀보다 사탄의 말을 듣고 선악과를 먹습니다.

그런데 죽을 줄 알았던 아담과 하와가 죽지 않았습니다. 그러면 하나님의 말씀이 거짓말이었을까요? 인간을 시험해보려고 그냥 하신 말이었을까요? 육체는 당장 죽지 않았지만, 그 영혼은 죽었습니다. 영혼의 죽음은 하나님과의 단절입니다. 하나님은 아담이 하나님 말씀에 순종하는지, 안 하는지를 보시려고 동산 중앙에 선악을 알게 하는 나무를 두신 것입니다. 가장 잘 보이는 곳에 두셨습니다. 그러나 아담은 하나님 말씀에 순종을 택하기보단 불순종을 택하여 사망 권세를 가진 마귀에게 지배당하게 된 것입니다. 마귀의 종이 된 것입니다.

지금도 마찬가지입니다. 하나님의 말씀대로 살지 않는다고, 지금 당장 육신이 죽거나, 병에 걸리거나, 저주를 받고 지옥에 떨어지지 않습니다. 그렇다 보니 자신의 영혼이 죽은 줄도 모르고 살아가는 사람들이 많이 있습니다. 주일예배, 수요예배, 금요기도회에 참석하지 않으면 육신에 큰 변화가 일어나지 않습니다. 양육이나, 제자훈련에 참여하지 않아도 큰 문제가 생기지 않습니다. 자기가 잘살고 있는 줄 착각하고 살아갑니다. 그저 주일예배 한 번 나오는 것으로 신앙생활에 만족하며 살아갑니다.

예배 한 번 빠질 때마다 몸무게가 1kg씩 찌고, 하루 기도 한 시간 안 하면 1kg이 찌고, 하루 5분 성경통독 안 하면 5kg 찐다면 어떻게 하시겠습니까? 하지 않아도 아무 일이 일어나지 않으니 안 하는 것입니다. 영혼이 병 들고, 영양실조 걸려서 죽어가도 못 느끼는 것입니다. 육신의 배고픔은 아주 잘 느끼는데, 영혼의 배고픔은 못 느끼는 것입니다. 육신을 위해선 맛집도 찾아다니는데, 영혼을 위해선 말씀을 찾아 먹지 않습니다. 육신이 조금만 아파도 약을 먹고 병원에 가는데, 영혼이 아파 죽게 되어도 예수병원인 교회는 가지 않습니다.

코로나 팬데믹 기간에 코로나에 걸리지 않으려고 마스크를 쓰고, 거리 두기를 하고, 손 소독도 얼마나 철저히 했습니까? 초창기 때는 마스크 사기 위해 이른 아침부터 줄 서서 마스크를 샀습니다. 마스크 쓰지 않은 사람을 이상하게 바라봤습니다. 그런데 내 영혼이 마귀 바이러스에 감염되지 않으려고 얼마나 자신을 철저히 관리하고 있습니까? 지금 당장 눈에 보이지 않고, 아무런 일이 일어나지 않으니 심각하게 받아들이지 않는 것입니다. 담배 한 모금 빠는 순간 바로 피를 토하고 폐암 증상이 나타난다면 누가 담배를 피우겠습니까? 술 한 잔 마시는 순간 간경화, 간암으로 온몸이 썩어들어간다면 누가 술을 마시겠습니까? 지금 당장 일어나지 않으니까 담배를 피우는 것입니다. 영혼이 죽어가는 것도 마찬가지입니다. 죄의 삯은 사망입니다. 그 후엔 반드시 심판이 있습니다.

히 9:27 사람이 한 번 죽는 것은 정해진 일이요, 그 뒤에는 심판이 있습니다.

죄의 결과로 땅이 저주받아 엉겅퀴와 가시덤불이 자라고, 인간은 해산의 수고와 땀을 흘려야만 먹을 것을 구할 수 있는 처지가 되었고, 미움과 시기와 질투로 가족도 죽이는 모든 것이 파괴된 사회가 되었습니다. 말씀이 없으니 창조 이전의 세계와 같이 혼돈과 공허와 깊은 어둠 가운데 살아가게 된 것입니다. 이들에게 필요한 것은 빛 되신 말씀입니다. 빛이 들어가야 삽니다.

우리의 삶은 지금 어떤 모습입니까? 우리에게 필요한 것은 무엇입니까? 돈입니까? 쾌락을 주는 육신의 것들입니까? 우리에게 필요한 것은 생명의 빛입니다. 코로나에 걸렸을 때 해열제를 간절히 원하듯이 우리의 영혼이 생명의 말씀을 간절히 원해야 합니다.

하나님은 범죄 한 인간을 불쌍히 여기시고 구원하시기 위해 이 땅에 생명의 빛이신 예수님을 보내주셨습니다. 그런데도 세상에 속한 사람들은 예수님을 알아보지 못합니다. 오히려 예수님을 죽이기까지 합니다. 그러나 예수님을 인정하고, 예수님을 생명의 주인으로 받아들인 사람들은 하나님의 자녀가 됩니다. 사망에서 생명으로, 저주에서 축복으로 옮기십니다. 그래서 예수님을 믿는 게 가장 큰 축복입니다.

요 1:9-12 참 빛이 있었다. 그 빛이 세상에 와서 모든 사람을 비추고 있다. 그는 세상에 계셨다. 세상이 그로 말미암아 생겨났는데도, 세상은 그를 알아보지 못하였다. 그가 자기 땅에 오셨으나, 그의 백성은 그를 맞아들이지 않았다. 그러나 그를 맞아들인 사람들, 곧 그 이름을 믿는 사람들에게는, 하나님의 자녀가 되는 특권을 주셨다.

예수님은 이 땅에 오셔서 자신이 생명의 말씀이고, 생명의 빛이시라는 것을 사람들에게 보여 주셨습니다. 물이 변하여 포도주가 되게 하는 이적을 행하셨고, 오병이어로 수만 명을 먹이고도 열두 광주리를 남기는 이적을 보여 주셨습니다. 예수께로만 나오면 그 누구든, 어떤 병이든, 어떤 문제든 해결 받을 수 있었습니다. 그래서 예수님 만이 길이요, 진리요, 생명이시다라는 말씀을 확증하셨습니다.

마 4:23-24 예수께서 온 갈릴리를 두루 다니시면서, 그들의 회당에서 가르치며, 하늘 나라의 복음을 선포하며, 백성 가운데서 모든 질병과 아픔을 고쳐 주셨다. 예수의 소문이 온 시리아에 퍼졌다. 그리하여 사람들이, 갖가지 질병과 고통으로 앓는 모든 환자들과 귀신 들린 사람들과 간질병 환자들과 중풍병 환자들을 예수께로 데리고 왔다. 예수께서는 그들을 고쳐 주셨다.

막 1:38-39 예수께서 그들에게 말씀하셨다. "가까운 여러 고을로 가자. 거기에서도 내가 말씀을 선포해야 하겠다. 나는 이 일을 하러 왔다." 예수께서 온 갈릴리와 여러 회당을 두루 찾아가셔서 말씀을 전하고, 귀신들을 내쫓으셨다.

요 14:14 너희가 무엇이든지 내 이름으로 구하면, 내가 다 이루어 주겠다.

예수만이 답입니다. 예수님을 알면 문제가 더 이상 문제가 되지 않습니다. 우리를 위하여 아들을 아끼지 않으시고, 십자가에 아들을 내어주신 하나님 아버지께서는 우리를 위해 무엇이든 다 주실 수 있는 분이십니다.

롬 8:32 자기 아들을 아끼지 않으시고, 우리 모두를 위하여 내주신 분이, 어찌 그 아들과 함께 모든 것을 우리에게 선물로 거저 주지 않으시겠습니까?

우리를 향한 하나님의 생각은 재앙이 아닙니다. 저주가 아닙니다. 구속이 아닙니다. 우리를 괴롭히려고 예수님을 믿게 한 것이 아닙니다. 예수님을 믿으면 희망이 생기고, 번영하며, 축복의 문이 열립니다. 천 배나 많게 되는 복을 주십니다.

렘 29:11 너희를 두고 계획하고 있는 일들은 오직 나만이 알고 있다. 내가 너희를 두고 계획하고 있는 일들은 재앙이 아니라 번

영이다. 너희에게 미래에 대한 희망을 주려는 것이다. 나 주의 말이다.

신 1:11 주 당신들의 조상의 하나님이 당신들을 천 배나 더 많아지게 하시고, 약속하신 대로 당신들에게 복을 주실 것입니다.

말씀을 믿는 사람은 이런 복을 받아 누릴 수 있습니다. 말씀의 권위를 인정하고 말씀대로 순종하는 사람은 복을 받습니다. 순종하면 하나님이 우리를 쓰시고, 기적이 일어나며, 하나님의 영광이 임합니다. 위기 없는 인생은 한 사람도 없습니다. 누구든 고난이 찾아올 수 있습니다. 고난이 찾아왔을 때, 그 고난을 대하는 태도가 그의 믿음이 되는 것입니다. 고난 앞에 절망하고 좌절과 원망과 불평만 늘어놓는다면 그게 그 사람의 믿음인 것입니다.

그런데 똑같은 고난을 당하여도, 절망이 아닌 희망을 보며, 위기를 간증의 기회로 삼고 믿음으로 이겨내면, 하나님께서 하셨다고 자랑하게 되는 것입니다. 고난을 두려워하는 자들이 아니라, 고난을 뛰어넘는 믿음의 사람이 되어야 합니다.

빌 4:13 나에게 능력을 주시는 분 안에서, 나는 모든 것을 할 수 있습니다.

아무것도 두려워말라 - 현석주

아무것도 두려워 말라
주 나의 하나님이 지켜 주시네
놀라지 마라 겁내지 마라
주님 나를 지켜 주시네
내 맘이 힘에 겨워 지칠지라도
주님 나를 지켜 주시네
세상의 험한 풍파 몰아칠 때도
주님 나를 지켜 주시네
주님은 나의 산성 주님은 나의 요새
주님은 나의 소망 나의 힘이 되신 하나님

로마 군대 장관인 한 백부장이 있었는데 그에겐 소중한 종이 있었습니다. 그런데 그가 중풍병으로 고통을 당하고 있었고, 병들어 거의 죽게 되었다고 누가복음에 기록하고 있습니다. 소중한 가족을 병으로 잃어버린 경험을 해보신 분도 계실 것입니다. 때론 소중한 친구를 먼저 떠나보낸 슬픔을 당한 분도 계실 것입니다. 아니, 지금도 소중한 사람이 병으로 고통 중에 있는 분도 계실 것입니다. 사랑하는 자식이 아플 때 마음은 이루 말할 수 없을 것입니다.

소중한 종이 병들어 죽어갈 때 백부장이 예수의 소문을 들었습니다. 그래서 유대 장로들을 예수께로 보내, 와서 자기 종을 낫게 해달라고 요청을 합니다. 백부장이 취했던 행동이 무엇이었습니까? 장로들에게 예수님을 모시고 올 것을 요청한 것입니다. 그렇게 하게 된 계기가 무엇입니까? 예수님의 소문을 들은 것입니다. 그러나 소문을 들었다고 다 행동하진 않습니다. 간절한 사람만 찾습니다. 믿음이 되는 사람만 찾습니다. 사모하는 사람만 예수를 찾습니다.

백부장은 로마 군인으로 권력을 가진 이방인입니다. 하나님을 믿지 않지만, 유대인들을 위해 회당도 지어줄 정도로 이스라엘 민족을 사랑하는 사람이었습니다. 그래서 백부장이 유대 장로들에게 예수를 모셔 오라고 요청했을 때 장로들은 기꺼이 그의 요청을 받아들였습니다. 예수님도 그들의 요청을 받아들이고 그들과 함께 백부장의 집으로 가고 있었습니다. 그런데 갑자기 백부장이 예수님 계신 곳으로 옵니다. 그리고 간청하기를 집으로 들어오지 말라고 합니다.

우린 여기서 백부장의 태도 변화에 주목해야 합니다. 처음엔 장로들을 보내 예수를 자기 집으로 오라고 했습니다. 그런데 이제는 자신이 직접 예수님께 찾아와 집에 들어오지 말라고 합니다. 왜 이런 변화가 일어났을까요? 처음엔 예수님의 소문을 듣고, 예수님이 오셔서 손을 얹어주시면 종이 나을 수 있을 것이란 생각을 했을 것입니다. 그래서 자신이 가지 않고 장로들에게 요청했던 것입니다. 자신의 권력과 체면이 위에 있었습니다. 그러다 생각의 변화, 믿음의 변화가 일어났는지 직접 예수님께 나옵니다. 교만은 예수님을 오라고 하지만, 겸손은 내가 예수님께로 나아갑니다. 믿음은 행동하는 것입니다. 백부장은 생각의 전환을 통해 자신의 권력과 지위와 자존심을 다 내려놓고 예수님 앞에 엎드립니다. 그리고 믿음의 고백을 합니다.

마 8:8-9 백부장이 대답하였다. "주님, 나는 주님을 내 집으로 모셔들일 만한 자격이 없습니다. 그저 한마디 말씀만 해주십시오. 그러면 내 종이 나을 것입니다. 나도 상관을 모시는 사람이고, 내 밑에도 병사들이 있어서, 내가 이 사람더러 가라고 하면 가고, 저 사람더러 오라고 하면 옵니다. 또 내 종더러 이것을 하라고 하면 합니다."

백부장은 예수님께서 한마디 말씀만 해 주셔도 종의 병이 나을 것이라고 말합니다. 말씀에 대한 확신을 갖게 된 것입니다. 예수님에 대한 소문이 믿음이 된 것입니다. 예수님을 하나님의 아들로 믿는 것입니다. "빛이 있으라!" 하신 말씀 한마디로 빛이 생긴 것처럼, 예수님의 말씀은 곧 하나님의 말씀이기에 명령만 하셔도 병이 나을 것이란 믿음을 가진 것입니다. 이제부턴 예수님이 나의 상관이고, 난 예수님의 종이라는 것입니다.

예수님을 믿으면서, 예수님을 종 부리듯이 부리는 사람들이 있습니다. 아쉬울 때만 예수님을 오라 가라 합니다. 필요할 때만 예수님을 찾는 사람들, 예수님이 일회용품이 되어 버린 사람들도 있습니다. 우리에게 예수님은 어떤 분이십니까? 도깨비방망이! 지니! 자판기! 예수님은 백부장의 믿음을 칭찬하십니다. 이스라엘 민족 가운데 이만한 믿음을 만나본 적이 없다고 하셨습니다.

마 8:10 예수께서 이 말을 들으시고, 놀랍게 여기셔서, 따라오는 사람들에게 말씀하셨다. 내가 진정으로 너희에게 말한다. 나는 지금까지 이스라엘 사람 가운데서 아무에게서도 이런 믿음을 본 일이 없다.

예수님께서 우리를 보시고 "대한민국 사람 가운데서 이런 믿음을 본 일이 없다."라고 칭찬하실 수 있어야 합니다. 교회는 오래 다녔고, 모태신앙이며, 직분도 가졌지만 말씀에 대한 믿음이 없어서 바깥 어두운 데로 쫓겨나 슬피 울며 이를 갈 사람도 있습니다. 그러나 믿음이 있어 하나님 나라에서 아브라함과 이삭과 야곱과 함께 잔치 자리에 앉을 사람도 있습니다.

마 8:11-12 내가 너희에게 말한다. 많은 사람이 동과 서에서 와서, 하늘 나라에서 아브라함과 이삭과 야곱과 함께 잔치 자리에 앉을 것이다. 그러나 이 나라의 시민들은 바깥 어두운 데로 쫓겨나서, 거기서 울며 이를 갈 것이다.

위기의 상황 중에 어떻게 비상할 수 있을까요? 가만히 서 있으면 바람의 저항이 약하지만 달리면 바람의 저항도 강해집니다. 서핑을 즐기는 사람은 큰 파도를 좋아합니다. 잔잔한 바다에선 서핑을 탈 수 없습니다. 고난이 없다면 축복도 없습니다. 십자가가 없다면 부활도 없습니다. 기도는 고난이 찾아왔을 때 하는 것이 아니라, 시험에 들지 않도록 늘 깨어 기도하는 것입니다. 늘 말씀을 마음에 담고 있는 사람은 어떤 시련이 와도 이겨낼 수 있습니다. 고난의 위기를 뛰어넘을 수 있는 길은 말씀입니다.

시 119:105 주님의 말씀은 내 발의 등불이요, 내 길의 빛입니다.

누가 복 있는 사람일까요? 말씀을 읽는 사람과 말씀을 듣는 사람, 그리고 그 안에 기록된 말씀을 지켜 행하는 사람입니다.

계 1:3 이 예언의 말씀을 읽는 사람과 듣는 사람들과 그 안에 기록되어 있는 것을 지키는 사람들은 복이 있습니다. 그 때가 가까이 왔기 때문입니다.

시 1:1-6 복 있는 사람은 악인의 꾀를 따르지 아니하며, 죄인의 길에 서지 아니하며, 오만한 자의 자리에 앉지 아니하며, 오로지 주님의 율법을 즐거워하며, 밤낮으로 율법을 묵상하는 사람이다. 그는 시냇가에 심은 나무가 철따라 열매를 맺으며 그 잎이 시들지 아니함 같으니, 하는 일마다 잘 될 것이다. 그러나 악인은 그렇지 않으니, 한낱 바람에 흩날리는 쭉정이와 같다. 그러므로 악인은 심판받을 때에 몸을 가누지 못하며, 죄인은 의인의 모임에 참여하지 못한다. 그렇다. 의인의 길은 주님께서 인정하시지만, 악인의 길은 망할 것이다.

하나님의 말씀을 버린 사람은 망합니다. 아담이 그랬던 것처럼 망합니다. 첫 사람 아담은 말씀에 불순종했지만, 둘째 아담인 예수님은 하나님 아버지 말씀에 순종하셨습니다. 말씀을 즐거워하는 사람들은 철 따라 열매를 맺고, 하는 일마다 잘 될 것입니다. 위기의 시대에 비상할 수 있는 길은 말씀을 붙드는 것입니다. 말씀을 붙든 백부장에겐 위기가 기회가 된 것입니다.

"네 믿음대로 될지어다!"

만선의 꿈을 가지고 갈릴리 호수에서 밤이 맞도록 그물을 내렸던 제자들, 고기 한 마리 잡지 못하고 허탈감에 회항하려고 하는데 예수님께서 말씀하십니다.

"깊은 곳에 그물을 내려라!"

눅 5:5 시몬이 대답하였다. "선생님, 우리가 밤새도록 애를 썼으나, 아무것도 잡지 못했습니다. 그러나 선생님의 말씀을 따라 그물을 내리겠습니다."

예수님의 말씀을 따라 깊은 곳에 그물을 내렸더니 그물이 찢어질 정도로 고기 떼가 잡혀 두 배에 가득 채웁니다.

배를 타고 갈릴리 호수를 건너가고 있던 제자들은 풍랑을 만나 죽을 지경이 됩니다. 자기 힘으로 살아보려고 할 수 있는 노력을 다해봅니다. 그러나 예수님과 함께하지 않는 인생은 고생만 더해질 뿐입니다. 주어진 환경에 예수님은 보이지 않습니다. 도와주러 온 예수님을 유령으로 생각합니다. 두려워 떨고 있는 제자들에게, 소망도 기쁨도 미래도 알 수 없는 우리에게 예수님은 말씀하십니다.

"안심하여라 나다. 두려워하지 말아라!"

예수님의 음성을 들은 베드로는 "주님이시면 나더러 물 위로 걸어서 주님께로 오라고 명령하십시오"라고 말을 합니다. 말도 안 되는 요구에 예수님은 "오너라!" 말씀하십니다. 베드로는 그 말씀을 믿고 물 위를 걸어 예수님께로 나아갑니다.

마 14:27-29 [예수께서] 곧 그들에게 말씀하셨다. "안심하여라. 나다. 두려워하지 말아라." 베드로가 예수께 말하였다. "주님, 주님이시면, 나더러 물 위로 걸어서, 주님께로 오라고 명령하십시오." 예수께서 "오너라!" 하고 말씀하셨다. 베드로는 배에서 내려, 물 위로 걸어서, 예수께로 갔다.

말씀을 붙들면 기적이 일어납니다. 말씀이 들어가면 죽은 나사로가 살아납니다. 우리는 다시 말씀을 붙들어야 합니다. 말씀으로 비상해야 합니다. 지금의 환경을 바라보지 말고, 말씀을 바라보아야 합니다. 말씀이 길을 냅니다. 말씀이 물을 반석 되게 합니다. 예수님은 오늘도 우리에게 말씀하십니다.

"안심하라. 의심하지 말고 두려워하지 말라. 말씀으로 다시 비상하라!"

2023 여름유스비전캠프 "성령으로 비상하라"

물 위를 걷는 자 - 시와 그림

주님 나를 부르시니 두려움 없이 배에서 나아가리라

주님 나를 부르시니 주님 내게 오라시니

주님 보고 계시기에 의심치 않고 바다를 걸어가리라

주님 보고 계시기에 주님 여기 계시기에

주님 여기 계시기에 이 깊은 바다가 반석이 되고

주님 여기 계시기에 반석 위를 내가 걸어가리라

주님 여기 계시기에 저 거친 파도가 반석이 되고

주님 여기 계시기에 반석 위를 내가 걷습니다

말씀 다시 보기 "말씀으로 비상하라"

찬양 듣기 "물 위를 걷는 자"

Chapter 4

기도로 비상하라
행 16:16-34

16 어느 날 우리가 기도하는 곳으로 가다가, 귀신 들려 점을 치는 여종 한 사람을 만났는데, 그는 점을 쳐서, 주인들에게 큰 돈벌이를 해주는 여자였다. 17 이 여자가 바울과 우리를 따라오면서, 큰 소리로 "이 사람들은 지극히 높으신 하나님의 종들인데, 여러분에게 구원의 길을 전하고 있다" 하고 외쳤다. 18 그 여자가 여러 날을 두고 이렇게 하므로, 바울이 귀찮게 여기고 돌아서서, 그 귀신에게 "내가 예수 그리스도의 이름으로 네게 명하니, 이 여자에게서 나오라" 하고 말하니, 바로 그 순간에 귀신이 나왔다. 19 그 여자의 주인들은, 자기들의 돈벌이 희망이 끊어진 것을 보고, 바울과 실라를 붙잡아서, 광장으로 관원들에게로 끌고 갔다. 20 그리고 그들을 치안관들 앞에 세워 놓고서 "이 사람들은 유대 사람들인데, 우리 도시를 소란하게 하고 있습니다. 21 이 사람들은 로마 시민인 우리로서는, 받아들일 수도 없고 실천할 수도 없는, 부당한 풍속을 선전하고 있습니다" 하고 말하였다. 22 무리가 그들을 공격하는 데에 합세하였다. 그러자 치안관들은 바울과 실라의 옷을 찢어 벗기고, 그들을 매로 치라고 명령하였다. 23 그래서 이 명령을 받은 부하들이 그들에게 매질을 많이 한 뒤에, 감옥에 가두고, 간수에게 그들을 단단히 지키라고 명령하였다. 24 간수는 이런 명령을 받고, 그들을 깊은 감방에 가두고서, 그들의 발에 차꼬를 단단히 채웠다. 25 한밤쯤 되어서 바울과 실라가 기도하면서 하나님을 찬양하는 노래를 부르고 있는데, 죄수들이 듣고 있었다. 26 그 때에 갑자기 큰 지진이 일어나서, 감옥의 터전이 흔들렸다. 그리고 곧 문이 모두 열리고, 모든 죄수의 수갑이며 차꼬가 풀렸다. 27 간수가 잠에서 깨

어서, 옥문들이 열린 것을 보고는, 죄수들이 달아난 줄로 알고, 검을 빼어서 자결하려고 하였다. [28] 그 때에 바울이 큰소리로 "그대는 스스로 몸을 해치지 마시오. 우리가 모두 그대로 있소" 하고 외쳤다. [29] 간수는 등불을 달라고 해서, 들고 뛰어 들어가, 무서워 떨면서, 바울과 실라 앞에 엎드렸다. [30] 그리고 그들을 바깥으로 데리고 나가서 물었다. "두 분 사도님, 내가 어떻게 해야 구원을 얻을 수 있습니까?" [31] 그들이 대답하였다. "주 예수를 믿으시오. 그리하면 그대와 그대의 집안이 구원을 얻을 것입니다." [32] 그리고 하나님의 말씀을 간수와 그의 집에 있는 모든 사람에게 들려주었다. [33] 그 밤 그 시각에, 간수는 그들을 데려다가, 상처를 씻어 주었다. 그리고 그와 온 가족이 그 자리에서 세례를 받았다. [34] 간수는 그들을 자기 집으로 데려다가 음식을 대접하였다. 그는 하나님을 믿게 된 것을 온 가족과 함께 기뻐하였다.

말씀으로 비상하는 사람들은 늘 말씀을 가까이 하고 말씀을 사랑합니다. 말씀을 주야로 묵상하고, 말씀대로 살아가려고 몸부림칩니다. 하나님은 그런 사람에게 복을 주십니다. 그가 가는 길을 지키시며, 하는 모든 일을 성공케 합니다. 하나님의 약속을 믿는 자들이 받을 복입니다.

수 1:8 이 율법책의 말씀을 늘 읽고 밤낮으로 그것을 공부하여, 이 율법책에 쐬어진 대로, 모든 것을 성심껏 실천하여라. 그리하면 네가 가는 길이 순조로울 것이며, 네가 성공할 것이다

하나님 말씀에 순종하면 하나님께서 준비하신 모든 복이 우리를 따릅니다. 내가 복을 좇아가는 것이 아니라, 복이 나를 따라오는 것입니다.

신 28:2 당신들이 주 당신들의 하나님의 말씀에 순종하면, 이 모든 복이 당신들에게 찾아와서 당신들을 따를 것입니다.

말씀대로 사는 사람이 복의 근원이 됩니다. 그런 사람은 나가도

복을 받고, 들어와도 복을 받습니다. 악한 마귀가 우리를 해하려고 찾아왔어도 하나님께서 막아주시고, 한 길로 왔다가 일곱 길로 도망가는 역사가 일어납니다. 우리가 하는 모든 일에 복이 넘치게 하십니다. 하늘의 보고를 여시고 우리에게 복을 부어 주십니다.

신 28:12 주님께서는, 그 풍성한 보물 창고 하늘을 여시고, 철을 따라서 당신들 밭에 비를 내려 주시고, 당신들이 하는 모든 일에 복을 주실 것입니다. 그러므로 당신들은 많은 민족에게 꾸어 주기는 하여도 꾸지는 않을 것입니다.

이렇게까지 약속하셨는데 복을 받아 누리지 못하는 사람들은 도대체 어떤 사람들일까요? 하나님은 지금도 살아계시는데 왜 복을 받지 못할까요? 말씀을 믿지 못하기 때문입니다. 믿으면 역사가 일어납니다. 믿으면 하나님의 영광을 봅니다. 믿으면 기적이 일어납니다. 하나님께서 순종한 자들에게 복을 주시는 이유는 받은 복으로 하나님의 나라를 세우라는 것입니다. 영혼을 섬기며 영혼을 구원하라는 것입니다. 민족과 세계 복음화를 위해 쓰라는 것입니다. 북한 땅에도 주님이 꿈꾸신 교회를 세우라는 것입니다. 이 소망이 있는 사람은 하나님께서 복을 주십니다.

말씀으로 비상하기 위해서 필요한 것이 기도입니다. 말씀이 기름이라면 기도는 점화플러그입니다. 시동을 거는 순간 점화플러그에서 불꽃이 튀면서 기름이 활활 탑니다. 그리고 가속 페달을 밟는 순간 전속력으로 달리는 것입니다. 가속 페달은 순종이고 행동하는 것입니다. 하나님은 자녀들에게 기도의 능력을 주셨습니다. 기도할 때 추진력이 생기고, 열매를 맺습니다. 기도할 때 악한 영이 떠나게 되며, 하나님이 일하십니다. 예수님은 공생애 사역을 기도로 시작하셔서 기도로 마치셨습니다.

막 1:35 아주 이른 새벽에, 예수께서 일어나서 외딴 곳으로 나가셔서, 거기에서 기도하고 계셨다.

눅 6:12 그 무렵에 예수께서 기도하려고 산으로 떠나가서, 밤을 새우면서 하나님께 기도하셨다.

눅 23:46 예수께서 큰 소리로 부르짖어 말씀하셨다. "아버지, 내 영혼을 아버지 손에 맡깁니다." 이 말씀을 하시고, 그는 숨을 거두셨다.

하나님의 아들이신 예수님도 기도하셨습니다. 기도는 내 생각, 내 감정, 내 마음대로 하지 않게 합니다. 기도하지 않으면, 하나님의 뜻보다 내 뜻이 우선이 되는 것입니다. 그래서 예수님도 우리와 똑같은 인간의 모습으로 오셨기에 기도하신 것입니다.

마 26:39 예수께서는 조금 더 나아가서, 얼굴을 땅에 대고 엎드려서 기도하셨다. "나의 아버지, 하실 수만 있으시면, 이 잔을 내게서 지나가게 해주십시오. 그러나 내 뜻대로 하지 마시고, 아버지의 뜻대로 해주십시오."

예수님도 하나님 아버지의 뜻을 이루기 위하여 이처럼 매일 기도하셨는데 우리는 무슨 배짱으로 기도하지 않습니까? 기도하지 않아도 살 수 있고, 하나님의 도움이 필요 없다는 것입니까? 기도하지 않는다는 것은 하나님 없어도 혼자서 잘 살 수 있다는 자신이 하나님이 된 신앙입니다. 하루도 호흡하지 않으면 살 수 없는 것처럼 하루도 기도하지 않고서는 살 수 없는 존재가 인간입니다. 기도하지 않는 사람은 이미 영혼이 죽은 사람입니다. 기도는 영적인 호흡이며, 하나님과의 대화입니다.

겸손한 사람은 기도합니다. 기도하는 사람은 하나님을 오해하지 않습니다. 기도하는 사람은 하나님의 뜻을 알 수 있습니다. 기도하는 사람은 환난도 이겨낼 수 있습니다. 기도하는 사람은 기적을 만들어냅니다. 기도하는 사람은 우주 만물도 지배하고 정복하고 다스립니다. 하나님은 우리를 통해서 귀한 일들을 행하길 원하시는데, 육에 속한 사람으로만 살아간다면 하나님은 우리를 통해 어떤 일도 하지 않으십니다. 기도할 때 하나님이 일하기 시작합니다.

기도하는 사람들은 하나님이 일하심을 보게 될 것입니다. 기도하면 어려운 길도 쉽게 갑니다. 기도하면 홍해가 갈라지고, 바람과 파도도 잠잠해지고, 죽은 나사로가 살아납니다. 기도하면 오병이어의 기적이 일어나고, 불말과 불병거가 우리를 도우며, 비가 멈추기도 하고 내리기도 합니다. 기도한 대로, 말한 대로 됩니다. 믿음은 바라는 것들의 실상이요, 보이지 않는 것들의 증거가 됩니다. 이런 기도를 왜 하지 않습니까? 기도했는데 지금 당장 이루어지지 않았다고 의심하지 말고, 손바닥만 한 구름이 보일 때까지 기도하십시오. 비를 준비하신 하나님을 경험하게 될 것입니다.

왕상 18:44 일곱 번째가 되었을 때에, 그 시종은 마침내, 사람의 손바닥만한 작은 구름이 바다에서부터 떠올라 오고 있다고 말하였다. 그러자 엘리야는 아합에게 사람을 보내어서, 비가 와서 길이 막히기 전에 어서 병거를 갖추고 내려가라는 말을 전하라고 하였다.

요 16:24 지금까지는 너희가 아무것도 내 이름으로 구하지 않았다. 구하여라. 그러면 받을 것이다. 그래서 너희의 기쁨이 넘치게 될 것이다.

마 7:7 구하여라, 그리하면 하나님께서 너희에게 주실 것이다. 찾아라, 그리하면 너희가 찾을 것이다. 문을 두드려라, 그리하면 하나님께서 너희에게 열어 주실 것이다.

렘 33:3 네가 나를 부르면, 내가 너에게 응답하겠고, 네가 모르

는 크고 놀라운 비밀을 너에게 알려 주겠다

하나님이 이렇게까지 약속하셨는데도 기도를 안 하시겠습니까? 우리 믿음의 근거는 하나님의 말씀입니다. 하나님의 모든 약속은 반드시 이루어집니다.

바울이 2차전도 여행 중 빌립보에서 기도하는 곳으로 가다가 귀신 들려 점치는 여종 한 사람을 만났는데, 그 사람이 바울과 일행을 따라다니면서 큰 소리로 "이 사람들은 하나님의 종들로, 여러분에게 구원의 길을 전하고 있다"라고 외칩니다.

행 16:16-17 어느 날 우리가 기도하는 곳으로 가다가, 귀신 들려 점을 치는 여종 한 사람을 만났는데, 그는 점을 쳐서, 주인들에게 큰 돈벌이를 해주는 여자였다. 이 여자가 바울과 우리를 따라오면서, 큰 소리로 "이 사람들은 지극히 높으신 하나님의 종들인데, 여러분에게 구원의 길을 전하고 있다" 하고 외쳤다.

점은 귀신 들려야 치는 것입니다. 점 보러 가려면 신령한 점쟁이를 찾아가세요. 귀신 들린 점쟁이는 귀신같이 압니다. 귀신은 우리가 예수 잘 믿는 사람인지, 교회만 왔다 갔다 하는 종교인인지, 천국 갈 사람인지, 지옥 갈 사람인지 다 압니다. 이 점쟁이가 바울과 일행을 향해 하나님의 종들이라고 말하고 있습니다. 사도행전 19장에서도 비슷한 사건이 있었습니다.

행 19:15 귀신이 그들에게 "나는 예수도 알고, 바울도 알지만, 당신들은 도대체 누구요?" 하고 말하였다..

귀신 들린 사람이 계속 시끄럽게 하니, 바울은 귀찮아서 예수 이름으로 귀신을 쫓아냅니다. 귀신은 시끄럽게 하는 영입니다. 기도를 방해하고, 전도를 방해합니다. 영적 신앙생활을 방해하고, 예배 생활을 방해합니다. 그럴 때는 빨리 예수 이름으로 귀신을 쫓아내야 합니다. 예수 이름 앞에 귀신은 떠납니다.

"예수 이름으로 명하노니 귀신은 가라! 기도 생활을 방해하는 귀신은 가라!"

귀신이 나가니까 더 이상 점을 칠 수가 없어 돈벌이가 안 됩니다. 그래서 점쟁이를 고용한 고용주가 바울 일행을 고발합니다. 결국, 바울과 실라는 옷이 찢어지고, 매를 맞고, 발에 차꼬가 채워진 채 깊은 지하 감방에 갇히게 됩니다. 기도하다가, 전도하다가 고난을 당한 것입니다. 차디찬 감방에 갇힌 것입니다. 기도하면 고난이 없는 것이 아니라, 기도하다가 고난당 할 수 있습니다. 인생이 깊고 어두운 수렁에 던져질 수 있습니다. 그러나 기도한 사람은 시험에 들지 않습니다. 기도한 사람은 고난을 이겨낼 수 있습니다. 기도의 사람은 고난 중에도 찬양할 수 있습니다. 피투성이가 된 채 밤중에 바울과 실라는 깨어나 원망과 불평이 아닌 모든 죄수가 듣도록 큰 소리로 기도하면서 하나님을 찬양합니다.

하나님을 감동시키는 찬양과 기도는 차꼬를 풀고, 감방문을 엽니다. 기적이 일어난 것입니다. 이런 역사는 찬양하고 기도하는 사람에게 일어납니다. 이렇게 풀리고, 열리는 역사가 우리의 인생에도 일어나도록 해야 합니다.

행 16:25-26 한밤쯤 되어서 바울과 실라가 기도하면서 하나님을 찬양하는 노래를 부르고 있는데, 죄수들이 듣고 있었다. 그때에 갑자기 큰 지진이 일어나서, 감옥의 터전이 흔들렸다. 그리고 곧 문이 모두 열리고, 모든 죄수의 수갑이며 차꼬가 풀렸다.

이 사건으로 감방을 지키고 있던 간수와 그의 집안사람들이 바울이 전하는 복음을 듣고, 예수를 믿어 구원을 받습니다. 이것이 말씀과 기도의 힘입니다. 기도로 비상하십시오. 기도하면 묶인 것이 풀리고, 닫힌 것이 열립니다. 기도하면 가정이 구원받습니다. 전도의 열매가 맺힙니다. 의심만 하지 않는다면 반드시 응답됩니다.

눅 18:7-8 하나님께서 자기에게 밤낮으로 부르짖는, 택하신 백성의 권리를 찾아주시지 않으시고, 모른 체하고 오래 그들을 내버려 두시겠느냐? 내가 너희에게 말한다. 하나님께서는 얼른 그들의 권리를 찾아 주실 것이다. 그러나 인자가 올 때에, 세상에서 믿음을 찾아 볼 수 있겠느냐?

하나님은 우리를 만나길 원하십니다. 우리의 기도에 응답해 주시길 원하시며, 마귀에게 눌린 자를 자유케 하시길 원하십니다. 그래서 회복을 넘어 부흥과 축복을 주시길 원하십니다.

렘 29:11-14 너희를 두고 계획하고 있는 일들은 오직 나만이 알고 있다. 내가 너희를 두고 계획하고 있는 일들은 재앙이 아니라 번영이다. 너희에게 미래에 대한 희망을 주려는 것이다. 나 주의 말이다. 너희가 나를 부르고, 나에게 와서 기도하면, 내가 너희의 호소를 들어주겠다. 너희가 나를 찾으면, 나를 만날 것이다. 너희가 온전한 마음으로 나를 찾기만 하면, 내가 너희를 만나 주겠다. 나 주의 말이다. 내가 너희를 포로생활에서 돌아오게 하겠다. 내가 너희를 쫓아 보냈던 세상의 모든 나라, 모든 지역에서 너희를 모아 오겠다. 내가 너희를 포로로 보냈으나, 나는 너희를 그 곳에서 너희의 고향으로 다시 데려오겠다. 나 주의 말이다.

의정부에 있는 송산교회 69주년 특별집회를 인도할 때 일입니다. 교회가 오래된 만큼 교인들도 나이 든 사람들이 대부분이었습니다. 요즘 찬양은 부를 수 없어서 특별히 찬송가를 많이 불러달라는 요청까지 한 교회였습니다. 그런데 놀라운 기적이 일어났습니다. 오후 5시에 시작한 예배가 저녁 9시에 끝이 났습니다. 얼마나 성령님이 강력하게 역사하시는지, 말씀을 듣는 중에 귀신이 소리를 지르며 떠나고, 찬양 중에 머리부터 발끝까지 통증으로 제대로 걷지도 못하던 권사님이 그 자리에서 낫고, 걷고, 뛰고, 춤을 추면서 간증을 했습니다.

생명의 말씀을 선포하고, 성령으로 기도하니까 말씀과 같은 기적이 일어난 것입니다. 하나님은 살아 계십니다. 예수 그리스도는 어제나 오늘이나 영원토록 동일하십니다(히 13:8).

오늘도 응답을 미리 준비하신 하나님의 기적은 일어납니다. 마음이 상한 사람을 고쳐 주시고, 아픈 곳을 싸매 주시는 위대하신 하나님은 우리를 위해 비를 준비하시고, 우리의 간절한 기도를 듣길 원하십니다. 그 위대하신 하나님을 찬양하며 기도로 나아가십시오.

주여, 기도로 비상하게 하옵소서!

송산교회 69주년특별집회 2023.6.18

비 준비하시니 - 심형진

우리 주는 위대하며 능력이 많으시도다
그의 지혜 무궁하며 인자는 영원하도다
상한 자들 고치시며 상처를 싸매시도다
별들의 수를 세시며 이름을 붙이셨도다
그가 구름으로 하늘을 덮으시며
땅을 위하여 비 준비하시니
예루살렘아 여호와를 찬송할지어다
네 하나님을 감사함으로 그 앞에 나가며
주 임재 앞에 경배해

말씀 다시 듣기 "기도로 비상하라"

찬양 듣기 "비 준비하시니"

Chapter 5

성령으로 비상하라
행 2:14-21

¹⁴ 베드로가 열한 사도와 함께 일어나서, 목소리를 높여서, 그들에게 엄숙하게 말하였다. "유대 사람들과 모든 예루살렘 주민 여러분, 이것을 아시기 바랍니다. 내 말에 귀를 기울이십시오. ¹⁵ 지금은 아침 아홉 시입니다. 그러니 이 사람들은, 여러분이 생각하듯이 술에 취한 것이 아닙니다. ¹⁶ 이 일은 하나님께서 예언자 요엘을 시켜서 말씀하신 대로 된 것입니다. ¹⁷ '하나님께서 말씀하신다. 마지막 날에 나는 내 영을 모든 사람에게 부어 주겠다. 너희의 아들들과 너희의 딸들은 예언을 하고, 너희의 젊은이들은 환상을 보고, 너희의 늙은이들은 꿈을 꿀 것이다. ¹⁸ 그 날에 나는 내 영을 내 남종들과 내 여종들에게도 부어 주겠으니, 그들도 예언을 할 것이다. ¹⁹ 또 나는 위로 하늘에 놀라운 일을 나타내고, 아래로 땅에 징조를 나타낼 것이니, 곧 피와 불과 자욱한 연기이다. ²⁰ 주님의 크고 영화로운 날이 오기 전에, 해는 변해서 어두움이 되고, 달은 변해서 피가 될 것이다. ²¹ 그러나 주님의 이름을 부르는 사람은 구원을 얻을 것이다.'"

하나님은 인간을 창조하실 때, 처음부터 육과 혼과 영을 가진 존재로 남자와 여자를 창조하셨습니다. 인간은 하나님께서 창조하신 최고의 작품이었습니다.

창 1:27 하나님이 당신의 형상대로 사람을 창조하셨으니, 곧 하나님의 형상대로 사람을 창조하셨다. 하나님이 그들을 남자와 여자로 창조하셨다.

우리의 모양과 형상은 하나님의 모양과 형상입니다. 바울은 우리 주님이 다시 오실 때 믿는 자들의 영과 혼과 몸이 흠 없이 완전하게 되기를 기도했습니다.

살전 5:23 평화의 하나님께서 친히, 여러분을 완전히 거룩하게 해 주시고, 우리 주 예수 그리스도께서 오실 때에 여러분의 영과 혼과 몸을 흠이 없이 완전하게 지켜 주시기를 빕니다.

인간은 다른 동물과는 다르게 하나님의 형상과 모양으로 만들어진 영적인 존재입니다. 오직 하나님과 소통하고 친밀한 교제를 나눌 수 있는 존재가 인간입니다. 인간의 육체는 흙으로 만들어졌기 때문에 흙에서 나오는 것을 먹어야 살 수 있고, 혼은 세상의 지식과 문화를 습득해야 무식하다는 말이나 시대에 뒤떨어진다는 말을 듣지 않을 수 있습니다. 영은 하나님의 호흡으로부터 생명을 부여받았기 때문에 하나님의 입에서 나오는 말씀을 먹어야만 살 수 있습니다. 그래서 하나님은 인간에게 말씀하신 것입니다.

생육하고, 번성하고, 땅에 충만하여 지배하고, 정복하고, 다스리라는 것입니다. 이것이 인간에게 주신 축복입니다. 그리고 동산에 있는 모든 과실은 먹을 수 있지만, 선과 악을 알게 하는 나무의 실과는 먹지 말라는 것입니다. 먹는 날에는 반드시 죽는다는 것이 첫 사람 아담에게 주신 첫 계명이자 율법입니다.

창 2:17 그러나 선과 악을 알게 하는 나무의 열매만은 먹어서는 안 된다. 그것을 먹는 날에는, 너는 반드시 죽는다.

그런데 아담은 그 계명을 어겼습니다. 하나님께서 주신 율법을 어긴 것입니다. 그로 인하여 인간에게 사망과 저주가 찾아왔습니다. 땅이 저주를 받아 원치 않는 가시덤불과 엉겅퀴를 내고, 수고하고 노력해야만 간신히 먹고 살 수 있는 존재가 된 것입니다. 타락한 인간이지만 영적인 존재이기에 영적인 세계를 갈망하여, 하나님과의 단절로 다른 신을 찾기 시작한 것입니다. 그래서 세상엔 두 종류의 사람이 있습니다. 창조주 하나님을 믿는 사람과 하나님이 아닌 다른 신들을 믿는 사람입니다. 하나님은 말씀하셨습니다.

출 20:3-6 너희는 내 앞에서 다른 신들을 섬기지 못한다. 너희는 너희가 섬기려고 위로 하늘에 있는 것이나, 아래로 땅에 있는 것이나, 땅 아래 물 속에 있는 어떤 것이든지, 그 모양을 본떠서 우상을 만들지 못한다. 너희는 그것들에게 절하거나, 그것들을 섬기지 못한다. 나, 주 너희의 하나님은 질투하는 하나님이다. 나를 미워하는 사람에게는, 그 죄값으로, 본인뿐만 아니라 삼사 대 자손에게까지 벌을 내린다. 그러나 나를 사랑하고 나의 계명을 지키는 사람에게는, 수천 대 자손에 이르기까지 한결같은 사랑을 베푼다.

창조주 하나님을 믿고 섬기면 수천 대 자손에 이르기까지 복을 받지만, 우상을 만들고 그 우상에게 절하는 사람들은 삼사 대 자손에게까지 저주하시겠다는 것입니다. 하나님을 잘 믿으면 자손 대대로 복을 받습니다.

하나님을 믿겠다고 교회를 다니는데, 교회를 다니는 사람 중에도 두 종류의 사람이 있습니다. 인본주의 신앙생활을 하는 사람과 신본주의 신앙생활을 하는 사람입니다. 인본주의는 '신앙생활'이라기 보다는 '종교생활'이라고 할 수 있습니다. 인간은 영적인 존재이기 때문에 영적인 것을 찾고자 하는 갈망이 있어 종교적 열심을 교회 안에서 하는 것입니다. 이런 사람들은 살아계신 하나님을 만나본 적이 없습니다. 부활하신 예수님을 영적으로, 인격적으로 만나본 적은 없지만, 그냥 예수란 분이 좋은 것입니다. 다른 종교보다는 교회라는 분위기가 좋아서 교회를 다니고 교회 생활도 열심히 하는 것입니다. 그러다 교회에 흥미를 잃거나 관계에 문제가 생기고 갈등이 있으면 교회를 떠납니다. 그리고 다시는 교회를 다니지 않는 사람도 있습니다. 예수님은 이런 사람들을 사람의 훈계를 따르고, 헛되이 예배하는 자들이라고 말씀하십니다.

> **막 7:6-7** 예수께서 그들에게 대답하셨다. "이사야가 너희 같은 위선자들을 두고 적절히 예언하였다. 이렇게 기록되어 있다. '이 백성은 입술로는 나를 공경해도, 마음은 내게서 멀리 떠나 있다 그들은 사람의 훈계를 교리로 가르치며, 나를 헛되이 예배한다.'

이런 사람들이 생각보다 교회 안에 많이 있습니다. 입술로는 공경한다고 하고, 찬양도 하고, 기도도 합니다. 그런데 마음은 하나님과 멀리 떨어져 있는 것입니다. 마음이 가까우면 하나님께 나오지 않을 수 없습니다. 기도하지 않을 수 없고, 찬양하지 않을 수 없고, 감사하지 않을 수 없습니다. 예배하지 않을 수 없는 것입니다. 사랑하기 때문입니다. 그런데 말로는 사랑한다고 하면서 가까이하지 않는 사람은 사랑하지 않는 것입니다. 순종하지 않고, 헌신하지 않는 사람은 사랑하지 않는 것입니다. 예배한다고 하지만 헛되이 예배하는 것입니다. 이것을 인본주의 종교생활이라고 합니다. 하나님은 인본주의가 아니라 신본주의 신앙생활을 하는 사람을 찾고 계십니다.

요 4:23 참되게 예배를 드리는 사람들이 영과 진리로 아버지께 예배를 드릴 때가 온다. 지금이 바로 그 때이다. 아버지께서는 이렇게 예배를 드리는 사람들을 찾으신다.

영과 진리로 예배하는 사람을 찾고 계십니다. 형식과 의식만 있는 예배가 아니라, 마음이 있는 예배자를 찾으신다는 것입니다. 화려한 조명과 훌륭한 음향 사운드와 오케스트라 연주에 취해 노래하고 춤추는 사람들이 아니라, 화려하지 않아도, 조명이 없어도, 악기가 없어도 진심으로 찬양하는 사람들, 감사의 찬양을 할 수 있는 사람들이 하나님이 기뻐하시는 예배자들입니다. 영으로 예배하지 않는 사람들을 바울은 악한 일꾼들이라고 부릅니다. 더 심하게 개들이라는 것입니다. 이런 사람들을 조심하라는 것입니다.

빌 3:2-3 개들을 조심하십시오. 악한 일꾼들을 조심하십시오. 살을 잘라내는 할례를 주장하는 자들을 조심하십시오. 하나님의 영으로 예배하며, 그리스도 예수 안에서 자랑하며, 육신을 의지하지 않는 우리들이야말로, 참으로 할례 받은 사람입니다.

그러면 우리가 어떻게 예배해야 할까요?

롬 12:1 형제자매 여러분, 그러므로 나는 하나님의 자비하심을 힘입어 여러분에게 권합니다. 여러분의 몸을 하나님께서 기뻐하실 거룩한 산 제물로 드리십시오. 이것이 여러분이 드릴 합당한 예배입니다.

하나님은 우리의 몸이 하나님께서 기뻐하실 거룩한 산 제물로 드려지길 바라십니다. 이것이 우리가 드릴 합당한 예배라는 것입니다. 우리 몸을 거룩한 제물로 드리는 것이 합당한 예배입니다. 그것도 살아 있는 제물로 드리는 것입니다. 몸만 드립니까? 마음도 함께 드리는 것입니다. 마음만 드립니까? 물질도 드리는 것입니다. 물질 있는 곳에 마음이 있는 것입니다. 몸과 마음과 물질이 없는 예배는 예배가 아닙니다. 모든 것은 관계성입니다.

우리는 관계성이 깨어진 사회에 살고 있습니다. 하나님과의 관계가 깨지니 인간과의 관계가 깨지는 것입니다. 그래서 가인이 동생 아벨을 죽인 것입니다. 자식이 부모를 죽이고, 부모가 자식을 죽이는 세상 속에 살고 있습니다. 돈 때문에 형제를 죽이고, 일면식 없는 사람이 묻지 마 폭행으로 사람을 때리고, 죽이는 세상에 살고 있습니다. 이런 세상에서 믿음의 사람들이 어떻게 살아가야 합니까? 어떻게 믿음을 지킬 수 있을까요? 영적으로 살아남을 수 있는 비결은 오직 성령의 충만함입니다. 굶주린 사자가 우글거리는 세상에 주님은 우리를 보내십니다.

마 10:16 보아라, 내가 너희를 내보내는 것이, 마치 양을 이리 떼 가운데로 보내는 것과 같다. 그러므로 너희는 뱀과 같이 슬기롭고, 비둘기와 같이 순진해져라.

이런 세상에서 믿음을 지키며 하나님의 뜻을 이룰 수 있는 유일한 길은 성령 충만함입니다. 예수님도 성령에 이끌리는 삶을 사셨습니다.

눅 4:1-2 예수께서 성령으로 가득하여 요단 강에서 돌아오셨다. 그리고 그는 성령에 이끌려 광야로 가서서, 사십 일 동안 악마에게 시험을 받으셨다. 그 동안 아무것도 잡수시지 않아서, 그 기간이 다하였을 때에는 시장하셨다.

성령에 이끌림을 받는 사람은 마귀가 시험하여도 이겨낼 수 있습니다. 어떤 고난의 상황이 온다 하여도 충분히 이겨낼 수 있습니다. 마귀는 시험하는 자요, 모든 것을 빼앗는 자입니다. 죽이고 멸망시키는 자입니다. 예수님을 시험한 마귀가 우리를 시험하는 것은 우습지 않겠습니까? 마귀를 과소평가하지 말고, 과대평가하지도 말아야 합니다. 성령으로 무장하지 않고서는 사탄의 간계를 이길 수 없습니다.

엡 6:11 마귀의 간계에 맞설 수 있도록, 하나님이 주시는 온몸을 덮는 갑옷을 입으십시오 왜 신앙이 흔들립니까? 왜 조그만 문제에도 쉽게 무너집니까? 기도하지 않기 때문입니다. 내 안에 말씀이 없기 때문입니다. 시험에 들지 않도록 깨어 기도하라고 예수님은 경고하셨습니다. 그런데 그 경고를 무시한 것입니다. 기도하는 사람만이 이겨낼 수 있습니다. 기도해야 내 힘이 아닌 성령으로 이겨내는 것입니다. 제자들은 부활하신 예수님의 마지막 명령대로 성령 받기를 사모하며 마가의 다락방에 모여 기도합니다. 그랬을 때 마침내 오순절이 되어 성령이 바람처럼 불처럼 임합니다. 그래서 그곳에 모인 120명이 다 성령의 충만함을 받고 성령이 말하게 하심을 따라 방언으로 기도합니다.

행 2:4 그들은 모두 성령으로 충만하게 되어서, 성령이 시키시는 대로, 각각 방언으로 말하기 시작하였다.

그들의 기도 소리를 들은 여러 나라에서 온 많은 사람이 깜짝 놀랍니다. 각자 자기가 살던 나라 언어로 들렸기 때문입니다. 그래서 그들은 제자들이 새 술에 취했다고 말합니다. 그 말을 들은 베드로는 담대히 일어나 지금 일어나고 있는 현상이 무슨 현상인지를 요엘 선지자의 말씀을 들어 설명합니다.

행 2:16-18 이 일은 하나님께서 예언자 요엘을 시켜서 말씀하신 대로 된 것입니다. 하나님께서 말씀하신다. 마지막 날에 나는 내 영을 모든 사람에게 부어 주겠다. 너희의 아들들과 너희의 딸들은 예언을 하고, 너희의 젊은이들은 환상을 보고, 너희의 늙은이들은 꿈을 꿀 것이다. 그 날에 나는 내 영을 내 남종들과 내 여종들에게도 부어 주겠으니, 그들도 예언을 할 것이다.

기도하니까 성령의 역사가 일어난 것입니다. 기도하니까 변화가 일어난 것입니다. 기도하니까 담대하게 예수의 증인이 된 것입니다. 기도할 때 성령의 충만함을 받습니다. 진정으로 회개할 때 성령이 임하십니다. 성령으로 충만하니까 겁쟁이였고, 배신자들이었던 제자들이 담대하게 예수의 부활과 그리스도 되심을 증거 합니다.

행 4:31 그들이 기도를 마치니, 그들이 모여 있는 곳이 흔들리고, 그들은 모두 성령으로 충만해서, 하나님의 말씀을 담대히 말하게 되었다.

인본주의 종교 지도자들의 협박에도 사람들을 두려워하는 것이 아니라, 하나님을 두려워하며 예수 그리스도의 살아계심을 담대히 증거 합니다.

행 4:19-20 그 때에 베드로와 요한은 대답하였다. "하나님의 말씀을 듣는 것보다 당신들의 말을 듣는 것이, 하나님 보시기에 옳은 일인가를 판단해 보십시오. 우리는 보고 들은 것을 말하지 않을 수 없습니다."

오직 예수 그리스도를 통해서만 구원받을 수 있음을 증거 합니다. 이런 담대함과 확신은 기도로 성령 충만했기 때문에 가능했습니다.

행 2:21 그러나 주님의 이름을 부르는 사람은 구원을 얻을 것이다.

행 4:12 이 예수 밖에는, 다른 아무에게도 구원은 없습니다. 사람들에게 주신 이름 가운데 우리가 의지하여 구원을 얻어야 할 이름은, 하늘 아래에 이 이름 밖에 다른 이름이 없습니다.

제자들이 예수님을 3년 동안 따라다녔지만, 제자들이 기도했다는 기록은 없습니다. 그러나 예수님은 습관을 따라 이른 새벽에도 기도하시고, 사역 중에도 기도하시고, 따로 밤이 맞도록 철야하며 기도하셨습니다. 겟세마네 동산에서 땀방울이 핏방울 되도록 기도하셨기 때문에 십자가를 질 수 있었던 것입니다.

식사 기도도 하지 않는 사람들, 하루 한 시간은커녕 십 분도 기도하지 않는 사람들이 어떻게 십자가를 질 수 있을까요? 하루 한 시간도 기도하지 않는 사람이 어떻게 직분을 감당할 수 있을까요? 기도하지 않고 어떻게 가정을 구원하고 영혼을 구원할 수 있을까요? 성령으로 기도하지 않으니 하나님을 경험하지 못하는 것입니다. 깊은 기도가 없으니 영적 싸움을 하지 못하는 것입니다. 그래서 맨날 넘어지고 마귀에게 얻어터지고 귀신에게 사로잡

히는 것입니다. 그러다 부인하고 떠나는 것입니다.

성령으로 충만하면 결코 예수님을 부인할 수 없습니다. 죽음도 두려워하지 않으며, 예수를 위해 목숨을 아까워하지 않습니다. 매를 맞고, 감옥에 갇혀도 기도하고 찬양하며, 위기가 기회가 되는 것입니다. 위기가 기도가 되고, 기도하면 홍해 바다가 마른 땅이 되는 것입니다. 그래서 예수님은 성령을 받으라고 명령하신 것입니다. 성령이 아니고서는 예수를 주라 고백할 수 없으며, 예수를 위해 살 수 없습니다. 끝까지 믿음을 지킬 수 없습니다.

고전 12:3 그러므로 내가 너희에게 알리노니 하나님의 영으로 말하는 자는 누구든지 예수를 저주할 자라 하지 아니하고 또 성령으로 아니하고는 누구든지 예수를 주시라 할 수 없느니라

성령이 내 안에 계시지 않으면 나는 그리스도의 사람이 아닙니다.

롬 8:9 그러나 하나님의 영이 여러분 안에 살아 계시면, 여러분은 육신 안에 있지 않고, 성령 안에 있습니다. 누구든지 그리스도의 영이 없으면, 그리스도의 사람이 아닙니다.

그리스도의 사람이 아니면 누구의 사람입니까? 그리스도의 사람이 아닌데 하나님 나라, 천국에 들어갈 수 있을까요?

요 3:5 예수께서 대답하셨다. 내가 진정으로 진정으로 너에게 말한다. 누구든지 물과 성령으로 나지 아니하면, 하나님 나라에 들어갈 수 없다.

물과 성령으로 나지 아니하면 하나님 나라에 들어갈 수 없다고 예수님이 말씀하셨습니다. 물은 회개입니다. 침례/세례를 통한 신앙고백입니다. 이 물과 성령으로 거듭나지 않으면 절대로 하나님 나라에 들어갈 수 없습니다. 그러니 성령을 받아야 하는 것입니다. 성령을 받더라도 맛만 보는 것이 아니라 성령의 충만함을 받아야 합니다. 구하는 자에게 하나님은 성령을 부어 주십니다.

눅 11:13 너희가 악할지라도 너희 자녀에게 좋은 것들을 줄 줄 알거든, 하물며 하늘에 계신 아버지께서야 구하는 사람에게 성령을 주시지 않겠느냐?

구하지 않으니 성령을 받을 수 없고, 성령 충만함이 없으니 이길 수 없는 것입니다. 복을 받아 누릴 수 없는 것입니다. 성령 충만하면 '문제'가 문제가 아닙니다. 성령 충만하면 답이 보입니다. 성령 충만하면 바다가 반석이 되고, 물 위를 걷는 것입니다. 바람과 파도를 보고 빠져드는 자가 되지 말고, 물 위를 걷는 자가 되십시오. 그들이 믿음의 사람이요, 성숙한 사람들입니다. 성숙한 사람은 하나님이 내려 주시는 성령의 단비를 받아 흡수하여 열매를 맺는 사람입니다. 그런 사람은 하나님께 복을 받습니다. 그런 사람들이 비상하는 것입니다.

히 6:7-8 땅이 자주 내리는 비를 흡수하여 농사짓는 사람에게 유익한 농작물을 내 주면, 그 땅은 하나님께로부터 복을 받습니다. 그러나 가시덤불과 엉겅퀴를 내면, 그 땅은 쓸모가 없어지고, 저주를 받아서 마침내는 불에 타고 말 것입니다.

수년을 신앙생활을 하면서 여전히 가시덤불과 엉겅퀴를 내는 사람들이 있습니다. 원망과 불평과 의심과 분노와 짜증과 상처를 주고, 상처를 달고 다니는 사람들, 내면에 있는 쓴 뿌리를 뽑지 못하고, 견고한 진을 무너뜨리지 못해 치유되지 못한 사람들, 그들의 열매가 무엇이겠습니까? 가시덤불과 엉겅퀴를 내는 쓸모없는 땅이 아니라, 풍성한 열매를 내는 복 있는 땅이 되십시오. 성령으로 충만해야 그리스도를 닮은 삶을 살게 되는 것입니다. 경지에 이른 사람을 달인이라 합니다. 그리스도의 충만하심의 경지에 이른 사람이 예수 달인입니다.

엡 4:13-15 그리하여 우리가 하나님의 아들을 믿는 일과 아는 일에 하나가 되고, 온전한 사람이 되어서, 그리스도의 충만하심의 경지에까지 다다르게 됩니다. 우리는 이 이상 더 어린 아이로 있어서는 안 됩니다. 우리는 인간의 속임수나, 간교한 술수에 빠져서, 온갖 교훈의 풍조에 흔들리거나, 이리저리 밀려

다니지 말아야 합니다. 우리는 사랑으로 진리를 말하고 살면서, 모든 면에서 자라 나서, 머리가 되시는 그리스도에게까지 다다라야 합니다.

더 이상 영적 어린아이로 있지 말고, 그리스도를 닮은 성숙한 그리스도인이 되십시오. 어린아이들은 속임수와 간교한 술수에 빠지고, 상황에 따라 쉽게 흔들리고 이리저리 밀려다닙니다. 성숙한 성령의 사람이 되어 모든 면에서 자라서 머리 되시는 예수 그리스도에게까지 다다르는 성숙한 그리스도인들이 되어야 합니다. 그럴 때 성령의 열매를 맺게 됩니다.

갈 5:16-26 내가 또 말합니다. 여러분은 성령께서 인도하여 주시는 대로 살아 가십시오. 그러면 육체의 욕망을 채우려 하지 않을 것입니다. 육체의 욕망은 성령을 거스르고, 성령이 바라시는 것은 육체를 거스릅니다. 이 둘이 서로 적대관계에 있으므로, 여러분은 자기가 원하는 일을 할 수 없게 됩니다. 그런데 여러분이, 성령의 인도하심을 따라 살아가면, 율법 아래에 있는 것이 아닙니다. 육체의 행실은 환히 드러난 것들입니다. 곧 음행과 더러움과 방탕과 우상 숭배와 마술과 원수맺음과 다툼과 시기와 분냄과 분쟁과 분열과 파당과 질투와 술취함과 흥청망청 먹고 마시는 놀음과, 그와 같은 것들입니다. 내가 전에도 여러분에게 경고 하였지만, 이제 또다시 경고합니다. 이런 짓을 하는 사람들은 하나님의 나라를 상속받지 못할 것입니다. 그러나 성령의 열매는 사랑과 기쁨과 화평과 인내와 친절과 선함과 신실과 온유와 절제입니다. 이런 것들을 막을 법이 없습니다. 그리스도 예수께 속한 사람은 정욕과 욕망과 함께 자기의 육체를 십자가에 못 박았습니다. 우리가 성령으로 삶을 얻었으니, 우리는 성령이 인도해 주심을 따라 살아갑시다. 우리는 잘난 체하거나 서로 노엽게 하거나 질투하거나 하지 않도록 합시다.

육신의 정욕대로 사는 사람들은 하나님 나라를 상속받지 못하기 때문에 육체의 행실을 버리고, 성령의 열매를 맺으며 성령이 인도해 주심을 따라 살아가는 자가 되어야 합니다. 우리의 몸은 거룩한 성령이 거하실 성전입니다. 그 성전을 더럽히지 마십시오. 우리는 더 이상 우리의 것이 아닙니다. 하나님께서 예수의 피로 산 사람들입니다. 우리는 하나님의 것입니다. 그러니 우리의 몸으로 하나님을 영화롭게 할 수 있어야 합니다.

고전 6:19-20 여러분의 몸은 여러분 안에 계신 성령의 성전이라는 것을 알지 못합니까? 여러분은 성령을 하나님으로부터 받아서 모시고 있습니다. 여러분은 여러분 자신의 것이 아닙니다. 여러분은 하나님께서 값을 치르고 사들인 사람입니다. 그러므로 여러분의 몸으로 하나님을 영화롭게 하십시오.

성령님은 "나는 하나님의 것이다. 난 예수의 피로 산 하나님의 사람이다." 하는 사람들을 통해서 하나님의 일을 하길 원하십니다. 하나님은 우리를 귀하게 사용하시길 원하십니다. 하나님께 쓰임 받길 원하신다면, 큰 축복을 받길 원하신다면 우리의 몸을 거룩하게 하고, 성령을 슬프게 하지 말며, 성령을 소멸하지 마십시오.

엡 4:30 하나님의 성령을 슬프게 하지 마십시오. 여러분은 성령 안에서 구속의 날을 위하여 인치심을 받았습니다.

살전 5:19 성령을 소멸하지 마십시오.

다윗이 범죄 하여 하나님의 사람에게 책망을 들었을 때, 기분 나빠하지 않고, 오히려 하나님 앞에 엎드려 회개하며, 주의 성령을 거두어 가지 말라고 통곡을 했습니다. 구원의 기쁨을 회복시켜 주시고, 유혹에 넘어지지 않고, 믿음을 지켜낼 수 있는 자원하는 마음을 달라고 기도했습니다.

시 51:10-12 아, 하나님, 내 속에 깨끗한 마음을 창조하여 주시고 내 속을 견고한 심령으로 새롭게 하여 주십시오. 주님 앞에서 나를 쫓아내지 마시며, 주님의 성령을 나에게서 거두어 가지 말아 주십시오. 주님께서 베푸시는 구원의 기쁨을 내게 회복시켜 주시고, 내가 지탱할 수 있도록 내게 자발적인 마음을 주십시오.

하나님은 다윗의 기도를 들으시고 용서하셨습니다. 다시 사용하셨습니다. 오늘을 살아가는 우리도 하나님은 사용하시길 원하십니다. 자원하는 신앙, 변치 않는 믿음으로 하나님께로 나아가십시오. 우리는 늘 부족함이 많은 사람입니다. 흔들리고, 넘어질 때도 많습니다. 그럴 때 마귀는 우리를 참소합니다.

"너는 안 돼, 너 같은 자는 하나님이 용서하지 않아. 그러니 이제 그만하고 다 때려치워! 넌 여기까지야. 그게 너야!"

그런데 하나님은 우리에게 말씀하십니다.

"아니야! 다시 시작해! 내가 너와 함께 할 거야! 너는 하나님의 사람이야! 내가 너를 사용할 거야! 그러니 나를 의지해! 회개하고 처음 사랑을 회복해! 내가 너를 크게 사용할 거야! 다시 비상해!"

그래서 우리는 하나님을 의지하고, 예수님의 사랑을 품습니다. 성령님의 능력을 붙듭니다. 아무것도 아닌 우리를 하나님은 사용하십니다. 다시 비상할 수 있는 용기를 주십니다. 언변의 재주가 없어도 하나님의 말씀을 담대히 선포하게 하시고, 손을 내밀어 병을 낫게 하시고, 주의 이름으로 능력을 행하게 하십니다. 이 모든 일은 성령님이 하시는 것입니다.

고전 2:4-5 나의 말과 나의 설교는 지혜에서 나온 그럴 듯한 말로 한 것이 아니라, 성령의 능력이 나타낸 증거로 한 것입니다. 그것은, 여러분의 믿음이 사람의 지혜에 바탕을 두지 않고 하나님의 능력에 바탕을 두게 하려는 것이었습니다.

카톡 하나가 왔습니다.

제가 몇 년 동안 양쪽 팔이 항상 조금만 높이 들어 올리고 있어도 아팠어요. 허리도 아프고 팔도 아파서 침 맞으러 광명도 가고, 그러던 중 지난번 교회에서 듀나미스와 함께 하는 찬양 예배 생방송을 집에서 남편이랑 우연히 유튜브로 보고, 마지막 서로 기도해 주라고 해서 남편을 제가 양쪽 팔로 안아주면서 눈물 흘리며 기도해 준 후 그 후로 팔이 안 아파요. 너무 신기방기 했어요. 정말 팔을 조금이라도 올리고 하는 일은 잠깐만 해도 얼마나 아프고 힘들었는지 모릅니다. 그런데 그 후로 싹 나았어요. 하나님이 생각나게 하시고 원하시는 건 베드로전서 4장 8절 "서로 뜨겁게 사랑할지니 사랑은 허다한 죄를 덮느니라" 말씀이었습니다.

유튜브 생방송으로 참여하다가 고침을 받았다는 간증입니다. 하나님은 시공간을 초월하여 역사하십니다. 믿음대로 기적이 일어납니다. 보혜사 성령님은 지금도 일하십니다.

주여, 성령으로 비상하게 하옵소서!

기도로 비상하라

물 위를 걷는 자 - 시와 그림

주님 나를 부르시니 두려움 없이 배에서 나아가리라
주님 나를 부르시니 주님 내게 오라시니
주님 보고 계시기에 의심치 않고 바다를 걸어가리라
주님 보고 계시기에 주님 여기 계시기에
주님 여기 계시기에 이 깊은 바다가 반석이 되고
주님 여기 계시기에 반석 위를 내가 걸어가리라
주님 여기 계시기에 저 거친 파도가 반석이 되고
주님 여기 계시기에 반석 위를 내가 걷습니다

설교 다시 보기 "성령으로 비상하라"

찬양 듣기 "물 위를 걷는 자"

Chapter 6

구령의 열정으로 비상하라
롬 10:9-15

⁹ 당신이 만일 예수는 주님이라고 입으로 고백하고, 하나님께서 그를 죽은 사람들 가운데서 살리신 것을 마음으로 믿으면 구원을 얻을 것입니다. ¹⁰ 사람은 마음으로 믿어서 의에 이르고, 입으로 고백해서 구원에 이르게 됩니다. ¹¹ 성경은 "그를 믿는 사람은 누구나 부끄러움을 당하지 않을 것이다" 하고 말합니다. ¹² 유대 사람이나, 그리스 사람이나, 차별이 없습니다. 그는 모든 사람에게 똑같이 주님이 되어 주시고, 그를 부르는 모든 사람에게 풍성한 은혜를 내려주십니다. ¹³ "주님의 이름을 부르는 사람은 누구든지 구원을 얻을 것입니다." ¹⁴ 그런데 사람들은 자기들이 믿은 적이 없는 분을 어떻게 부를 수 있겠습니까? 또 들은 적이 없는 분을 어떻게 믿을 수 있겠습니까? 선포하는 사람이 없으면, 어떻게 들을 수 있겠습니까? ¹⁵ 보내심을 받지 않았는데, 어떻게 선포할 수 있겠습니까? 성경에 기록한 바 "기쁜 소식을 전하는 이들의 발걸음이 얼마나 아름다우냐!" 한 것과 같습니다.

우리는 뭔가에 열정을 품어 본 적 있을 것입니다. 공부의 열정, 게임의 열정, 사업의 열정, 다이어트의 열정, 예술의 열정 등 사람은 자기가 좋아하는 일에, 의미가 있다고 생각하는 일에 열정을 쏟습니다. 김연아는 피겨스케이팅에 대한 열정이 있었습니다. 손흥민은 축구에 대한 열정이 있었고, 안철수는 컴퓨터에 대한 열정이 있었기에 백신을 만들어냈습니다. 이연복은 짜장면에 대한 열정 때문에 초등학교 6학년 때 가출해서 중국집에서 배달부터 시작했습니다.

육신의 열정도 인내하며 끝까지 마음을 쏟으면 좋은 결과를 냅니다. 물론 열정만 가지고 되는 것은 아닙니다. 열정에 전문성을 키워야 합니다. 일론 머스크(1971년 6월 28일, 남아프리카 공화국 출생, 스페이스엑스 최고경영자, 테슬라모터스 최고경영자, 솔라시티 회장, 2023. 미국 타임지 선정 '세계에서 가장 영향력 있는 100인' 거장부문)의 우주여행에 대한 열정은 스페이스X를 성공시켰고, 2029년을 목표로 화성에 유인착륙을 준비하고 있습니다. 영적인 것도 마찬가지입니다. 기도의 열정, 전도와 선교의 열정, 성경연구의 열정 등 은사대로 사역하는 열정이 있어야 합니다. 그리고 그 분야의 전문가가 되어야 합니다. 그러면 하나님 나라의 일을 위해 귀하게 쓰임 받을 수 있습니다.

열정은 하나님으로부터 시작되었습니다. 6일 동안 세밀하게 천지창조를 하시고, 하나님의 형상과 모양대로 인간을 창조하셨습니다. 하나님의 열정이었습니다. 하나님의 열정은 인간을 향한 사랑이었습니다. 결혼한 부부가 사랑의 결실로 자녀를 낳으면 부모가 되어 자녀를 열정적으로 사랑합니다. 밤낮 자녀의 필요를 채워줍니다. 저는 딸을 아홉 살까지 업고 다녔습니다. 밤에 놀이터에 가서 함께 노는 것도 자녀를 사랑하는 열정이 있었기 때문입니다. 사랑은 위로부터 나옵니다. 하나님은 사랑이십니다. 하나님이 먼저 인간을 사랑하셨습니다.

요일 4:7 사랑하는 여러분, 서로 사랑합시다. 사랑은 하나님에게서 난 것입니다. 사랑하는 사람은 다 하나님에게서 났고, 하나님을 압니다.

요일 4:10 사랑은 이 사실에 있으니, 곧 우리가 하나님을 사랑한 것이 아니라, 하나님이 우리를 사랑하셔서, 자기 아들을 보내어 우리의 죄를 위하여 화목제물이 되게 하신 것입니다.

태어날 자녀를 위해 모든 것을 미리 준비해 놓는 부모처럼 하나님은 인간을 위해 6일 동안 모든 것을 준비해 놓으시고 마지막에 인간을 창조하셨습니다. 그리고 인간에게 복 주시기를 "생육하고, 번성하고, 땅에 충만하라. 지배하고, 정복하고, 다스려라"라고 축복을 명하셨습니다.

창 1:28 하나님이 그들에게 복을 베푸셨다. 하나님이 그들에게 말씀하시기를 "생육하고 번성하여 땅에 충만하여라. 땅을 정복하여라. 바다의 고기와 공중의 새와 땅 위에서 살아 움직이는 모든 생물을 다스려라" 하셨다.

하나님과의 사랑의 관계를 시기한 사탄이 인간을 유혹해 하나님과 원수가 되게 합니다. 하나님의 말씀보단 사탄의 말을 듣게 합니다. 결국, 인간은 불순종의 죗값으로 에덴동산에서 쫓겨났고, 영원한 심판 가운데 놓이게 된 것입니다. 마귀에게 사로잡혀 종노릇하며 살게 된 것입니다.

엡 2:2-3 그 때에 여러분은 허물과 죄 가운데서, 이 세상의 풍조를 따라 살고, 공중의 권세를 잡은 통치자, 곧 지금 불순종의 자식들 가운데서 작용하는 영을 따라 살았습니다. 우리도 모두 전에는, 그들 가운데서 육신의 정욕대로 살고, 육신과 마음이 원하는 대로 행했으며, 나머지 사람들과 마찬가지로 날 때부터 진 노의 자식이었습니다.

죄로 인하여 하나님의 자녀에서 진노의 자녀, 심판받을 자녀가 된 것입니다. 그렇다고 하나님이 이 일을 기뻐하시겠습니까? 자식이 잘못된 길을 가고 있을 때 자식을 징계하고 좋아할 부모가 어딨겠습니까? 사랑하기에 징계도 하는 것입니다.

히 12:6 주님께서는 사랑하시는 사람을 징계하시고, 받아들이시는 아들마다 채찍질하신다.

계 3:19 나는 내가 사랑하는 사람은 누구든지 책망도 하고 징계도 한다. 그러므로 너는 열심을 내어 노력하고, 회개하여라.

징계는 지옥에 보내시려는 심판이 아니라, 회개하여 처음 사랑의 관계를 회복하라는 사인입니다. 그런데도 듣지 않으면 자기 죄로 죽고 심판받게 되는 것입니다. 하나님의 열정은 여전히 인간을 사랑하셔서 돌아오기를 바라십니다. 돌아오기만 하면 용서해 주시고, 다시 가락지와 새 신발을 신겨 주시고 새 옷을 입혀 주시며, 잔치를 벌여 주십니다. 이것이 하나님 아버지의 마음입니다.

눅 15:22-24 그러나 아버지는 종들에게 말하였다. '어서, 가장 좋은 옷을 꺼내서, 그에게 입히고, 손에 반지를 끼우고, 발에 신을 신겨라. 그리고 살진 송아지를 끌어내다가 잡아라. 우리가 먹고 즐기자. 나의 이 아들은 죽었다가 살아났고, 내가 잃었다가 되찾았다.' 그래서 그들은 잔치를 벌였다.

자녀를 잃어버린 부모의 심정은 어떨까요? 아내가 네 살 된 아들을 데리고 마트에 갔다가 잠시 한눈을 판 사이 아들을 잃어버렸습니다. 그때 엄마의 심정이 어땠을까요? 곧바로 경찰에 신고하고 난리가 났습니다. 잃어버린 어린 아들을 찾느라 삼사십 분 소동이 일어났는데, 알고 봤더니 엄마가 안 보인다고 혼자 걸어서 집을 찾아간 것입니다. 엄마는 아이가 어려서 혼자 집을 찾아갔을 것이라고는 생각지도 못했습니다. 잃었던 아들을 찾았을 때 엄마의 마음이 어땠을까요?

우리는 집 나간 둘째 아들의 이야기를 잘 알고 있습니다. 둘째 아들은 살아계신 아버지의 재산을 요구합니다. 어차피 돌아가시면 물려주실 유산, 미리 달라는 것입니다. 이런 불효자식이 어디 있습니까? 그런데 얼마나 떼를 썼는지 아버지가 유산을 줍니다. 그러자 그 아들은 유산을 챙겨서 집을 나갑니다. 처음에 집을 나갔을 때는 좋았습니다. 돈이 있으니 친구도 생기고, 하고 싶은 것을 맘대로 합니다. 그런데 돈이 떨어지고 나니 친구도 떠나고, 남은 게 아무것도 없는 것입니다. 그래서 돼지 치는 곳에 가서 노예처럼 일을 하는데, 얼마나 자신의 신세가 초라하던지, 심지어 돼지가 먹는 쥐엄 열매도 주지 않는 것입니다.

그래서 아들은 생각하기를 '내가 나온 내 아버지의 집으로 돌아가자. 아들로 인정받지는 못할망정 종으로 지내면 지금보다는 낫지 않겠는가?' 자기가 했던 행동이 아들답지 못했다는 것을 인정한 것입니다. 그래서 결단하고 집으로 돌아가는 길에 멀리 동네가 보입니다. 그런데 낯익은 분이 서 계시는 것입니다. 바로 아버지였습니다. 거지꼴로 터벅터벅 걸어오는 아들의 모습이 보이자 아버지는 달려옵니다. 그리고 아들을 안고 한참을 웁니다.

"이제 돌아왔구나. 죽었던 내 아들이 살아 돌아왔구나!"

죄인들을 오래 참으시고 기다리시는 하나님의 마음, 이것이 하나님의 사랑입니다. 집 나간 자식이 스스로 돌아오기는 쉽지 않습니다. 물론 나갔다가 다시 돌아온 사람들도 있습니다. 나가면 좋을 줄 알았는데, '집 나가면 개고생이란 말이 하나도 틀리지 않구나, 내 집이 최고다' 생각하고 돌아오는 것입니다. 돌아온 집에는 여전히 그 자리에 서서 기다리고 계신 아버지가 계신 것처럼, 좀 부족해 보여도 우리를 기다리고 있는 목회자가 있고, 성도들이 있습니다.

우리 주변엔 아직도 돌아오지 않는 많은 사람이 있습니다. 첫째 아들처럼 방관만 하지 말고 찾아 나서십시오. 하나님 아버지의 열정 때문에 죄인을 구원하시려 이 땅에 인간의 모습으로 하나님이신 예수님이 오신 것입니다. 열정은 사랑에서 나와야 사람을 살릴 수 있습니다. 죄인을 구원할 수 있는 길은 죄가 없으신 하나님이 스스로 인간이 되시는 것입니다. 모든 인간은 다 죄인이기 때문에 인간은 인간을 구원할 수 없습니다.

전 7:20 좋은 일만 하고 잘못을 전혀 저지르지 않는 의인은 이 세상에 하나도 없다.

롬 3:10 성경에 이렇게 기록되어 있습니다. "의인은 없다. 한 사람도 없다.

롬 3:23 모든 사람이 죄를 범하였습니다. 그래서 사람은 하나님의 영광에 못 미치는 처지에 놓여 있습니다.

죗값으로 피를 흘리지 않고서는 죄 사함을 받을 수 없기 때문에, 죄인을 구원하려면 반드시 죄가 없으신 분이 대신 피를 흘려 죽어야 합니다. 그래서 하나님이신 예수님께서 인간의 육신을 입고 이 땅에 오신 것입니다.

요 1:14 그 말씀은 육신이 되어 우리 가운데 사셨다. 우리는 그의 영광을 보았다. 그것은 아버지께서 주신, 외아들의 영광이었다. 그는 은혜와 진리가 충만하였다.

히 4:15 우리의 대제사장은 우리의 연약함을 동정하지 못하시는 분이 아닙니다. 그는 모든 점에서 우리와 마찬가지로 시험을 받으셨지만, 죄는 없으십니다.

예수님이 이 땅에 인간으로 오신 이유는 마귀에게 빼앗긴 영혼을 다시 찾으시기 위함입니다. 마귀에게 사로잡혀 고통당하고 있는 인간을 구원하시고 참 자유를 주시기 위함입니다.

히 2:14-15 이 자녀들은 피와 살을 가진 사람들이기에, 그도 역시 피와 살을 가지셨습니다. 그것은, 그가 죽음을 겪으시고서, 죽음의 세력을 쥐고 있는 자 곧 마귀를 멸하시고, 또 일생 동안 죽음의 공포 때문에 종노릇하는 사람들을 해방시키시기 위함이었습니다.

눅 4:18-19 "주님의 영이 내게 내리셨다. 주님께서 내게 기름을 부으셔서, 가난한 사람에게 기쁜 소식을 전하게 하셨다. 주님께서 나를 보내셔서, 포로 된 사람들에게 해방을 선포하고, 눈먼 사람들에게 눈 뜸을 선포하고, 억눌린 사람들을 풀어 주고, 주님의 은혜의 해를 선포하게 하셨다."

예수님을 믿는 것은 억압과 고통이 아닙니다. 자유와 행복과 평안입니다. 예수님을 믿으면서도 자유가 없고, 평안이 없다면 잘못 믿고 있는 것입니다. 교회를 다니는 것이 재미없다면 잘못 믿고 있는 것입니다. 지옥 갈 영혼을 구원해 주셨고, 아들을 통해서 모든 것을 주셨는데 어떻게 기쁘지 않을 수 없고, 평안하지 않을 수 있습니까?

요 14:27 나는 평화를 너희에게 남겨 준다. 나는 내 평화를 너희에게 준다. 내가 너희에게 주는 평화는 세상이 주는 것과 같지 않다. 너희는 마음에 근심하지 말고, 두려워하지도 말아라.

예수 믿는 것은 자유이며, 평안이며, 승리입니다. 능력이며, 축복입니다. 예수님은 이 땅에 마귀를 멸하시고 죄인들을 구원하시려고 오셨습니다.

요일 3:8 죄를 짓는 사람은 마귀에게 속해 있습니다. 마귀는 처음부터 죄를 짓는 자이기 때문입니다. 하나님의 아들이 나타나신 목적은 마귀의 일을 멸하시려는 것입니다.

예수님은 이 사역을 완수하시기 위해서 나이 서른쯤 되었을 때, 요단강에서 침례/세례를 받으시고, 성령으로 충만하여 광야에서 사십일을 금식기도 하시며 공생애를 시작하십니다. 예수님의 사역은 기도로 시작해서 기도로 마치신 사역이었습니다. 기도하지 않고서는 하나님의 일을 감당할 수 없기 때문입니다. 기도하지 않으면 시험 들기 때문입니다, 기도할 때 하나님이 일하십니다. 예수님이 하나님의 아들이셨지만 자기 생각, 감정, 계획에 치우치지 않기 위하여 사역 시작부터 금식기도로 시작하셨습니다. 금식기도는 나를 죽이는 것입니다. 예수님은 금식기도를 마치시고 그때부터 회개의 복음을 선포하십니다.

마 4:17 이 때부터 예수께서 비로소 전파하여 이르시되 회개하

라 천국이 가까이 왔느니라 하시더라

예수님은 전도하시기 위해 이 땅에 오셨습니다. 마귀에게 빼앗긴 영혼을 찾는 것이 예수님의 사명이었습니다.

막 1:38-39 예수께서 그들에게 말씀하셨다. "가까운 여러 고을로 가자. 거기에서도 내가 말씀을 선포해야 하겠다. 나는 이 일을 하러 왔다." 예수께서 온 갈릴리와 여러 회당을 두루 찾아가셔서 말씀을 전하고, 귀신들을 쫓아내셨다.

마 4:23 예수께서 온 갈릴리에 두루 다니사 그들의 회당에서 가르치시며 천국복음을 전파하시며 백성 중의 모든 병과 모든 약한 것을 고치시니

눅 19:10 인자는 잃은 것을 찾아 구원하러 왔다.

그리스도인은 예수님처럼 사는 사람입니다. 예수님을 닮는 사람입니다. 예수님이 하셨던 사역을 하는 사람들이 그리스도인이고, 제자입니다. 제자 코스프레를 중단해야 합니다. 진짜 권능 있는 제자가 되어야 합니다.

요 14:12 내가 진정으로 진정으로 너희에게 말한다. 나를 믿는 사람은 내가 하는 일을 그도 할 것이요, 그보다 더 큰 일도 할 것

이다. 그것은 내가 아버지께로 가기 때문이다.

제자들을 부르신 이유는 예수님이 하셨던 사역을 하라는 것이 었습니다.

"나를 따라오너라. 내가 너로 사람을 낚는 어부가 되게 하리라!"

예수님이 부른 제자들은 세상에서 유능한 사람들이 아니었습니다. 지극히 보잘것없는 사람들이었습니다. 그들을 제자로 부르시고 그들에게 능력을 주셨습니다. 인생의 참된 이유를 알고 그 목적대로 살라는 것입니다. 그래서 예수님은 이런 제자들을 세우실 때도 밤이 맞도록 기도하신 다음 제자들을 세우십니다.

눅 6:12-13 그 무렵에 예수께서 기도하려고 산으로 떠나가서, 밤을 새우면서 하나님께 기도하셨다. 날이 밝을 때에, 예수께서 자기의 제자들을 부르시고, 그 가운데서 열둘을 뽑으셨다. 그는 그들을 사도라고도 부르셨는데,

인생의 참된 목적을 모르면 방황합니다. 자기 맘대로 살면서 잘살고 있는 줄 착각합니다. 그러다 죽어 지옥 가는데도 속고 사는 것입니다. 그런 사람들을 바라보시며 예수님은 마치 목자 없는 양처럼 방황하며 고생하고 있다고 말씀하십니다.

마 9:35-36 예수께서는 모든 도시와 마을을 두루 다니시면서, 유대 사람의 여러 회당에서 가르치며, 하늘 나라의 복음을 선포하며, 온갖 질병과 온갖 아픔을 고쳐 주셨다. 예수께서 무리를 보시고, 그들을 불쌍히 여기셨다. 그들은 마치 목자 없는 양과 같이, 고생에 지쳐서 기운이 빠져 있었기 때문이다.

고생에 지쳐서 기운이 빠져 있는 사람들이 얼마나 많이 있습니까? 혹시 내가 그런 사람은 아닙니까? 하나님을 알지 못하여 고생하고 있는 그들을 불쌍히 여기는 마음이 있어야 합니다. 그 마음은 그냥 생기는 것이 아니라 기도해야 생깁니다. 영혼을 사랑하는 마음은 기도하지 않으면 생기지 않습니다. 그래서 예수님은 밤이 맞도록 기도하시고, 또 이른 새벽에 일어나서 기도하십니다.

막 1:35 아주 이른 새벽에, 예수께서 일어나서 외딴 곳으로 나가셔서, 거기에서 기도하고 계셨다

아무리 바빠도 기도해야 합니다. 바쁘기 때문에 더 많이 기도해야 합니다. 기도는 한가할 때 하는 것이 아닙니다. 문제가 생겼을 때 기도하는 것이 아니라, 그 전에 기도하여 문제를 막고, 이겨내는 것입니다. 예수님도 새벽을 깨우며 기도하셨는데, 우리가 새벽을 깨우지 않는다면 무슨 능력으로 세상을 살아가며, 사역을 감당하며, 무슨 사랑으로 영혼을 구원하겠습니까? 기도로 영혼

을 깨우는 우리가 되어야 합니다.

시 5:3 주님, 새벽에 드리는 나의 기도를 들어 주십시오. 새벽에 내가 주님께 나의 사정을 아뢰고 주님의 뜻을 기다리겠습니다.

시 57:8 내 영혼아, 깨어나라. 거문고야, 수금아, 깨어나라. 내가 새벽을 깨우련다.

기도할 때 하나님이 일하십니다. 기도하면 응답해 주십니다. 부르짖어 기도하면 내가 알지 못하는 크고 놀라운 비밀을 보여 주십니다.

렘 33:3 네가 나를 부르면, 내가 너에게 응답하겠고, 네가 모르는 크고 놀라운 비밀을 너에게 알려 주겠다.

우리를 부르신 이유는 전도해서 영혼을 구원하라는 것입니다.

마 10:5-7 예수께서 이들 열둘을 내보내실 때에, 그들에게 이렇게 명하셨다. 이방 사람의 길로도 가지 말고, 또 사마리아 사람의 고을에도 들어가지 말아라. 오히려 길 잃은 양 떼인 이스라엘 백성에게로 가거라. 다니면서 '하늘 나라가 가까이 왔다'고 선포하여라.

부활하신 예수님은 제자들에게 가서 모든 족속을 제자 삼으라 명령하십니다. 땅끝까지 예수 부활의 증인이 되라고 명령하십니다. 그리고 그 명령에 순종할 수 있도록 성령을 받으라 말씀하셨습니다. 오순절 성령의 충만함을 받은 제자들은 담대히 예수가 하나님의 아들이요, 그리스도이심을 증거 합니다. 그랬을 때 그들의 전도로 삼천 명이 회개하고 돌아오고, 오천 명이 구원받는 역사가 일어났습니다. 이런 일이 우리를 통해서 다시 일어나길 소망합니다. 겁쟁이 배신자 베드로가 수천 명을 구원하는 전도자가 되었고, 살인자 사울이 전 세계를 복음화하는 전도자가 되었습니다. 하나님께서 그렇게 되게 하신 것입니다.

행 9:15 주님께서 그에게 말씀하셨다. "가거라, 그는 내 이름을 이방 사람들과 임금들과 이스라엘 자손들 앞에 가지고 갈, 내가 택한 내 그릇이다."

하나님은 우리를 복음의 그릇으로, 영적인 파수꾼으로 세우셨습니다. 파수꾼이 할 일은 나팔을 부는 것입니다. 나팔을 불지 않아 사람이 죽는다면 그 책임을 파수꾼에게 묻겠다는 것입니다. 그러나 나팔을 불어도 듣지 않아 그 사람이 죽는다면 그건 그 사람이 받을 몫이라는 것입니다.

겔 33:7-9 너 사람아, 내가 너를 이스라엘 족속의 파수꾼으로 세웠다. 그러므로 너는 내가 하는 말을 듣고, 나를 대신하여 그들에게 경고하여라. 내가 악인에게 말하기를 '너는 반드시 죽을 것이다' 하였는데도, 네가 그 악인에게 말하여 그가 악한 길을 버리고 떠나도록 경고하지 않으면, 그 악인은 자신의 죄가 있어서 죽을 것이지만, 그 사람이 죽은 책임은 내가 너에게 묻겠다. 네가 악인에게, 그의 길에서 떠나서 거기에서 돌이키도록 경고하였는데도, 그가 자신의 길에서 돌이키지 않으면, 그는 자신의 죄 때문에 죽지만, 너는 목숨을 보존할 것이다.

우리에겐 복음을 전하고, 전도할 사명이 있습니다. 우리도 먼저 복음을 듣고 예수를 믿어 구원받은 것처럼, 이젠 다른 사람들에게 복음을 전해야 합니다. 우리도 복음을 듣지 않았다면 구원받을 수 없었습니다. 그러나 우리가 듣고, 예수님을 주님이라고 고백하고, 마음으로 믿었기에 구원을 받았습니다.

롬 10:9-13 당신이 만일 예수는 주님이라고 입으로 고백하고, 하나님께서 그를 죽은 사람들 가운데서 살리신 것을 마음으로 믿으면 구원을 얻을 것입니다. 사람은 마음으로 믿어서 의에 이르고, 입으로 고백해서 구원에 이르게 됩니다. 성경은 "그를 믿는 사람은 누구나 부끄러움을 당하지 않을 것이다" 하고 말합니다. 유대 사람이나, 그리스 사람이나, 차별이 없습니다. 그는 모든 사람에게 똑같이 주님이 되어 주시고, 그를 부르는 모든 사람에게 풍성한 은혜를 내려주십니다. "주님의 이름을 부르는 사람은 누구든지 구원을 얻을 것입니다."

주의 이름을 부르는 사람은 누구든지 구원을 받습니다. 구원 받기 위해선 복음을 들어야 하는데 듣지 않는다면 부를 수 없고, 부를 수 없다면 구원받을 수 없는 것입니다.

롬 10:14-15 그런데 사람들은 자기들이 믿은 적이 없는 분을 어떻게 부를 수 있겠습니까? 또 들은 적이 없는 분을 어떻게 믿을 수 있겠습니까? 선포하는 사람이 없으면, 어떻게 들을 수 있겠습니까? 보내심을 받지 않았는데, 어떻게 선포할 수 있겠습니까? 성경에 기록한 바 "기쁜 소식을 전하는 이들의 발걸음이 얼마나 아름다우냐!" 한 것과 같습니다.

우리의 발걸음은 복음을 전하는 아름다운 발걸음입니다. 잃어버린 영혼을 구원하기 위해 우리는 그 사람처럼 되는 것입니다. 예수님이 인간이 되신 것처럼, 나를 비우고 전도해야 합니다.

고전 9:19-23 나는 어느 누구에게도 얽매이지 않은 자유로운 몸이지만, 많은 사람을 얻으려고, 스스로 모든 사람의 종이 되었습니다. 유대 사람들에게는, 유대 사람을 얻으려고 유대 사람같이 되었습니다. 율법 아래 있는 사람들에게는, 내가 율법 아래 있지 않으면서도, 율법 아래에 있는 사람을 얻으려고 율법 아래 있는 사람같이 되었습니다. 율법이 없이 사는 사람들에게는, 내가 하나님의 율법이 없이 사는 사람이 아니라 그리스도의 율법 안에서 사는 사람이지만, 율법 없이 사는 사람들을 얻으려고 율법 없이 사는 사람같이 되었습니다. 믿음이 약한 사람들에게는, 약한 사람들을 얻으려고 약한 사람이 되었습니다. 나는 모든 종류의 사람에게 모든 것이 다 되었습니다. 그것은, 내가 어떻게 해서든지, 그들 가운데서 몇 사람이라도 구원하려는 것입니다. 나는 복음을 위하여 이 모든 일을 하고 있습니다. 그것은 내가 복음의 복에 동참하기 위함입니다.

전도는 구원받은 자의 사명입니다. 전도하지 않는다면 직무유기입니다. 정신을 차리고 고난을 참으며 전도자의 일을 완수해야 합니다. 때를 얻든 지 못 얻든 지 힘써야 합니다.

딤후 4:2 그대는 말씀을 선포하십시오. 기회가 좋든지 나쁘든지, 꾸준하게 힘쓰십시오. 끝까지 참고 가르치면서, 책망하고 경계하고 권면하십시오.

딤후 4:5 그러나 그대는 모든 일에 정신을 차려서 고난을 참으며, 전도자의 일을 하며, 그대의 직무를 완수하십시오.

육신의 일, 자기 일에만 빠져 사는 사람이 아니라, 예수의 일에 관심을 갖고 복음에 동참할 수 있는 자들이 되어야 합니다.

빌 2:21-22 모두 다 자기의 일에만 관심이 있고, 그리스도 예수의 일에는 관심이 없습니다. 그러나 디모데의 인품은 여러분이 잘 알고 있습니다. 그는 자식이 아버지에게 하듯이 복음을 위하여 나와 함께 봉사하였습니다.

영국의 오스카 쉰들러라고 불린 '니콜라스 윈턴 경(Sir Nicholas Winton)'이 있었습니다. 이 사람은 부모가 유대계 영국인이었는데, 예수님을 믿고 침례 교인이 되었습니다. 부유한 환경에서 자랐던 윈턴은 1938년 29살에 증권거래소 직원으로 일하고 있었습니다. 1938년 1차 세계대전이 끝나고 평화가 찾아오는 듯했지만, 나치독일은 유대인들을 계속 탄압을 했고, 체코는 나치독일에 점령되어 수많은 유대인이 수용소에 갇혀 지내게 되었습니다. 특히 아이들은 수용소 안에서 방치되었는데, 그 모습을 지켜봤던 윈턴은 아이들을 구해내야겠다는 결심을 하게 됩니다. 그래서 어머니와 함께 영국에 유대인 아이들을 입양 보내는 절차를 밟기 시작합니다.

체코에 사무실을 내고 나치의 위협을 받아가면서도 자신의 재산을 털어 나치 장교에게 거액의 뇌물을 주고 법적 절차를 밟아서 수용소에 갇혀있던 669명의 유대인 아이들을 영국으로 입양 보내는 일에 성공합니다.

그리고 윈턴은 마지막으로 250여 명의 아이들을 태운 기차를 보내려 했는데, 그때 히틀러가 제2차 세계대전을 일으키면서 열차는 출발하지 못했고, 그 아이들의 행방은 알 수 없게 되었습니다.

전쟁이 끝나고 수소문 끝에 마지막 열차에 타고 있던 아이들 중 두 명만이 살아남은 것을 알게 되면서 윈턴은 아이들을 다 구해내지 못했다는 죄책감으로 평생을 살게 됩니다. 그리고 50년 후 아내가 우연히 아이들의 사진과 인적사항이 적혀 있는 두꺼운 노트들을 보게 되면서 아내는 그 노트를 방송국에 보냅니다. 그리고 윈턴은 아무것도 모른 채 토크쇼에 초대되었는데 스튜디오 안에 있었던 방청객 모두가 윈턴이 살려낸 사람들과 가족들이었습니다. 윈턴이 구한 669명의 아이들은 어른이 되었고, 가족을 이루어 6,000여 명으로 불어나 있었습니다.

마 20:28 인자는 섬김을 받으러 온 것이 아니라 섬기러 왔으며, 많은 사람을 위하여 자기 목숨을 몸값으로 치러 주려고 왔다.

영혼의 소리가 들리지 않으십니까? 살려달라고 외치는 소리가 들리지 않습니까? 우리가 그들의 소리를 외면한다면 하나님은 그 책임을 우리에게 물으실 것입니다. 영혼 구령의 사명을 감당할 수 있는 열정을 달라고 기도해야 합니다. 영혼을 사랑할 수 있는 마음을 달라고 기도해야 합니다. 전도가 구호가 아니라 실현될 수 있도록 기도하고, 움직여야 합니다. 기도하면 열매를 맺습니다. 변화되지 않을 것 같은 사람도 변화됩니다.

주여, 제가 여기 있나이다! 저를 사용하여 주옵소서!

구령의 열정으로 비상하게 하옵소서!

주님은 나의 사랑 - 장용성

주님은 나의 사랑 주님은 나의 생명
언제나 변함없는 주님은 나의 구주
세상 속에서 나 방황할 때에 기다리시며 또 눈물 흘리신 주
찾아오셔서 손잡아 주시니 주님은 나의 사랑
이제 돌아가 나 주께 섭니다 눈물 흘리며 나 엎드립니다
날 받아주소서 날 사용하소서 주님은 나의 사랑
주님 가신 길 나 따라갑니다 십자가 지고 주 따르럽니다
내 생명 다하여 주 사랑합니다 나의 주 예수 사랑

말씀 다시 보기 "구령의 열정으로 비상하라"

찬양 듣기 "주님은 나의 사랑"

Chapter 7

열방으로 비상하라
마 28:19-20

[19] 그러므로 너희는 가서, 모든 민족을 제자로 삼아서, 아버지와 아들과 성령의 이름으로 침례/세례를 주고, [20] 내가 너희에게 명령한 모든 것을 그들에게 가르쳐 지키게 하여라. 보아라, 내가 세상 끝 날까지 항상 너희와 함께 있을 것이다.

저는 어릴 적 버스도 들어오지 않는 전라북도 부안군 동진면 당상리 용화동이라는 농촌 시골 작은 마을에서 살았습니다. 시골 길에 낯선 차라도 들어오면 신기해서 먼지가 풀풀 날리는 자동차 뒤를 따라 달리곤 했습니다. 경운기가 시끄러운 소리를 내며 덜덜거리고 지나가면 몰래 뒤에 매달려 한참을 가다, 걸리면 뛰어내려 도망치기도 했습니다. 집에서 기르는 소 등에도 올라타고, 돼지 등에 올라탔다가 떨어지기도 했습니다.

저는 자주 하늘을 바라보았습니다. 푸른 하늘에 두 날개를 활짝 펴고 힘있게 나는 독수리와 매를 봅니다. 그러다 어디선가 귀를 찢을 듯한 굉음이 들립니다. 흰구름 꼬리를 만들며 날아가는 비행기였습니다. 저는 그 비행기를 보면서 막연한 꿈을 그렸습니다.

'저 비행기는 지금 어디로 가고 있는 것일까? 저기엔 누가 타고 있을까? 나도 언젠가는 비행기를 타보겠지?'

저의 미래를 알 수 없는 환경, 잘하면 아버지가 하시던 과수원을 이어받던지, 논농사, 밭농사를 짓던지, 소나 돼지를 키우며 살아갈 인생이었을지도 모릅니다. 그런 제가 부활하신 예수님을 만나고 나니, 인생이 달라졌습니다. 꿈이 달라졌습니다. 꿈이 현실이 되었습니다. 비행기를 타고 5대양 6대주를 다니며, 복음을 전하는 사람이 되었습니다. 이 모든 것은 하나님의 은혜였습니다.

하나님의 부르심 - 손경민

하나님의 부르심에는 후회하심이 없네
내가 이 자리에 선 것도 주의 부르심이라
하나님의 부르심에는 결코 실수가 없네
나를 부르신 하나님의 신실하심을 믿네
작은 나를 부르신 뜻을 나를 알 수 없지만
오직 감사와 순종으로 주의 길을 가리라
때론 내가 연약해져도 주님 날 도우시니
주의 놀라운 그 계획을 나는 믿으며 살리
날 부르신 뜻 내 생각보다 크고
날 향한 계획 나의 지혜로 측량 못하나
가장 좋은 길로 가장 완전한 길로
오늘도 날 이끄심 있네

하나님은 창조주이십니다. 창조라는 말은 '무에서 유로 새로운 것을 만들어내다'라는 의미입니다. 새로운 무언가를 창조하려면 반드시 '생각'이란 도구가 필요합니다. 하나님은 아무 생각 없이 이 우주를 만드신 것이 아닙니다. 아무 생각 없이 인간을 만드신 것이 아닙니다. 가끔 어떤 사람은 거울을 보면서 이렇게 말하는 사람이 있습니다.

"하나님, 저를 너무 대충 만드신 것 아니에요?"

"아니, 이왕 만드시는 것 박보검, 아이유처럼 만들어 주시지요, 제게 너무하신 것 아니에요?"

그렇게 만들기도 쉽지 않습니다. 그게 신경 쓴 것입니다. 나는 세상에 하나밖에 없는 최고의 작품입니다. 황인종, 백인종, 흑인종 나름대로 하나님께서 색깔 있게 만드신 것입니다. 75억 인간이 다 똑같다고 생각해보세요. 누가 누구인지도 모르고 얼마나 재미없겠습니까? 75억 인간이 전부 문지현(장용성의 아내) 자매라고 생각해보세요. 그나마 한 명 있으니까 다행인 것입니다. 우리는 다 하나님의 생각이 들어간 작품들입니다.

생각은 창조의 능력이 있습니다. 좋은 생각이 기적을 만들어냅니다. 라이트 형제는 '어떻게 하면 사람이 새처럼 하늘을 날 수 있을까?'를 생각하다가 최초 비행기를 만들어냈습니다. 어릴 때부터 황당한 행동으로 왕따 당하고 초등학교에서 교육할 수 없다고 퇴학당한 에디슨은 끊임없는 연구와 실험으로 백열전구에 들어가는 필라멘트를 만들어내는 데 성공했습니다. 그는 이런 말을 했습니다.

"나는 실패 한 적이 없다. 안 되는 만 가지 방법을 발견해 낸 것뿐이다. 사람들 중에 5%는 생각을 한다. 10%는 자신이 생각하고 있다고 생각한다. 나머지 85%의 사람들은 생각하기를 죽기보다 싫어한다."

우리는 어떤 사람입니까? 이 질문에 대해서도 생각해보지도 않는 사람이 있을 것입니다. 그냥 듣고 끝나는 사람입니다. 말씀을 들었으면 생각을 해야 하는데 생각하지 않는 것입니다. 그래서 아무런 열매가 없는 것입니다.

잠 10:21 의인의 입술은 많은 사람을 먹여 살리지만, 어리석은 사람은 생각 없이 살다가 죽는다

하나님은 우리에게 생각이란 능력을 주셨습니다. 생각을 어떻게 사용하느냐에 따라 우리의 인생도 달라질 수 있습니다. 좋은 생각을 할 것인가, 나쁜 생각을 할 것인가? 성령님도 우리에게 생각을 주시지만, 마귀도 우리에게 생각을 넣어 줍니다.

요 14:26 그러나 보혜사, 곧 아버지께서 내 이름으로 보내실 성

령께서, 너희에게 모든 것을 가르쳐 주실 것이며, 또 내가 너희에게 말한 모든 것을 생각나게 하실 것이다.

요 13:2 저녁을 먹을 때에, 마귀가 이미 시몬 가룟의 아들 유다의 마음 속에 예수를 팔아 넘길 생각을 불어넣었다.

가룟 유다는 마귀의 생각에 사로잡혀 예수를 은 30에 팔아넘기고, 베드로는 예수님 가시는 길을 방해합니다.

막 8:33 그러나 예수께서는 돌아서서, 제자들을 보시고, 베드로를 꾸짖어 말씀하셨다. "사탄아, 내 뒤로 물러가라. 너는 하나님의 일을 생각하지 않고, 사람의 일만 생각하는구나!"

성령을 따라 사는 사람은 성령에 속한 생각을 하고, 육신을 따라 사는 사람은 육신에 속한 생각을 합니다. 생각에 따라 결과는 완전히 달라집니다. 행동의 책임은 자신이 지는 것입니다.

롬 8:5-6 육신을 따라 사는 사람은 육신에 속한 것을 생각하나, 성령을 따라사는 사람은 성령에 속한 것을 생각합니다. 육신에 속한 생각은 죽음입니다. 그러나 성령에 속한 생각은 생명과 평화입니다.

바울은 육신에 속한 것, 땅에 있는 것들을 생각하지 말고 하늘의 것을 생각하라고 권면합니다.

골 3:2   여러분은 땅에 있는 것들을 생각하지 말고, 위에 있는 것들을 생각하십시오.

하나님의 생각과 우리의 생각은 다릅니다. 우리 인생이 잘 살려면 하나님의 생각을 알아야 하고, 하나님 생각에 맞춰 살아가면 인생의 길이 형통합니다.

사 55:6-8   너희는, 만날 수 있을 때에 주님을 찾아라. 너희는, 가까이 계실 때에 주님을 불러라. 악한 자는 그 길을 버리고, 불의한 자는 그 생각을 버리고, 주님께 돌아오너라. 주님께서 그에게 긍휼을 베푸실 것이다. 우리의 하나님께로 돌아오너라. 주님께서 너그럽게 용서하여 주실 것이다. "나의 생각은 너희의 생각과 다르며, 너희의 길은 나의 길과 다르다." 주님께서 하신 말씀이다.

예수님의 옷자락만 만져도 나을 것이란 생각이 열두 해를 혈루증으로 고통당하던 여인을 낫게 한 것입니다. 가나안 땅에 들어갈 수 없다는 생각을 한 사람은 광야에서 다 죽었지만, 들어가 땅을 차지할 수 있다고 생각한 사람은 약속의 땅에 들어갈 수 있었습니다. 생각대로 되는 것입니다.

"네 믿음대로 될지어다! 네 생각대로 될지어다!"

막 9:23 예수께서 그에게 말씀하셨다. "'할 수 있으면'이 무슨 말이냐? 믿는 사람에게는 모든 일이 가능하다."

하나님은 하나님의 자녀들이 하나님 수준의 생각을 하길 원하십니다. 하나님 수준의 생각을 하면 하나님 수준으로 살아가는 것입니다. 하나님은 우리가 하나님의 꿈을 꾸길 원하십니다. 나의 꿈이 아닌 하나님의 꿈, 땅의 꿈이 아닌 하늘의 꿈을 꾸길 원하십니다. 우리의 꿈은 무엇입니까? '무엇을 먹을까? 무엇을 마실까? 무엇을 입을까?' 하는 것입니까? 육신의 정욕과 안목의 정욕과 이생의 자랑거리가 꿈입니까? '내 집이 몇 평이고, 이번에 무슨 차를 샀고, 어느 학교, 어느 직장에 들어갔고, 돈을 얼마를 벌었고, 해외여행은 어디를 다녀왔고' 입니까?

요일 2:16-17 세상에 있는 모든 것, 곧 육체의 욕망과 눈의 욕망과 세상 살림에 대한 자랑은 모두 하늘 아버지에게서 온 것이 아니라, 세상에서 온 것이기 때문입니다. 이 세상도 사라지고, 이 세상의 욕망도 사라지지만, 하나님의 뜻을 행하는 사람은 영원히 남습니다.

하나님의 뜻, 하나님의 생각, 하나님의 꿈만 영원히 남습니다. 하나님은 우리에게 땅을 정복하고, 모든 생물을 다스리는 복을 주셨습니다.

창 1:28 하나님이 그들에게 복을 베푸셨다. 하나님이 그들에게 말씀하시기를 "생육하고 번성하여 땅에 충만하여라. 땅을 정복하여라. 바다의 고기와 공중의 새와 땅 위에서 살아 움직이는 모든 생물을 다스려라" 하셨다.

땅을 정복하라는 말은 땅 투기해서 땅 부자가 되라는 말이 아닙니다. 하나님은 이미 아담에게 모든 땅을 주셨습니다. 그런데 아담이 불순종함으로 그 땅이 저주를 받아 가시덤불과 엉겅퀴를 내게 되었습니다. 땅은 히브리어로 'אֶרֶץ 에레쯔'입니다. 인간은 이 '에레쯔'로 만들어진 존재입니다. 그래서 인간은 땅에서 나오는 것들을 먹고, 땅을 정복하며 살아야 하는데 죄로 인하여 땅이 저주를 받게 된 것입니다. 하나님은 땅이 회복되길 원하십니다. 우리가 밟고 있는 이 땅이 아니라, 우리가 회복되길 원하십니다. 모든 민족 모든 열방 영혼이 회복되길 원하십니다. 그래서 예수님은 제자들에게 기도를 가르쳐 주실 때 이렇게 기도하라고 말씀하십니다.

마 6:10 그 나라를 오게 하여 주시며, 그 뜻을 하늘에서 이루심 같이, 땅에서도 이루어 주십시오.

하나님의 뜻을 하늘에서 이루심 같이 땅에서도 이루어지길 기도하라는 것입니다. 하나님의 통치를 받는 땅, 하나님의 다스림을 받는 영혼, 하나님께 정복당한 모든 민족, 열방이 되도록 기도하라는 것입니다. 이것이 하나님의 꿈이고, 우리의 꿈이 되어야 한다는 것입니다.

마 24:14 이 하늘 나라의 복음이 온 세상에 전파되어서, 모든 민족에게 증언될 것이다. 그 때에야 끝이 올 것이다.

하나님이 없는 땅은 가시덤불을 내게 되어 있습니다. 하나님이 없는 인생은 끊임없이 엉겅퀴가 자랍니다. 그래서 하나님이 없는 인생, 하나님이 없는 민족은 광야와 같습니다. 'ץרא에레쯔'는 광야입니다. 하나님의 도움 없이는 살 수 없는 곳 광야, 이런 광야와 같은 세상에 복음을 전하라고 우리를 부르시고 구원하신 것입니다. 마귀에게 빼앗긴 그 땅을 찾아오라고 우리를 부르신 것입니다. 아브라함에겐 "모든 민족이 너로 말미암아 복을 받을 것이라"고 말씀하시면서, 눈에 보이는 모든 땅을 아브라함과 자손들에게 주시겠다고 약속하셨습니다.

창 13:15 네 눈에 보이는 이 모든 땅을, 내가 너와 네 자손에게 아주 주겠다.

여호수아에겐 "네 발바닥으로 밟는 모든 곳을 네게 주겠다." 약속하셨습니다.

수 1:3 내가 모세에게 말한 대로, 너희 발바닥이 닿는 곳은 어디든지 내가 너희에게 주겠다.

하나님은 아브라함에게 주신 복을 우리에게 성령과 함께 주셨습니다(갈 3:14). 우리는 복의 근원입니다. 모든 민족이 우리로 인하여 복을 받게 될 것입니다. 이 말씀이 현실이 되고, 그 복이 모든 민족에게 미치게 하려면 여호수아처럼 그 땅을 밟아야 합니다. 그 땅으로 가야 합니다. 예수님은 제자들에게 그 땅으로 가서 제자를 삼으라고 명령하십니다.

마 28:19 그러므로 너희는 가서, 모든 민족을 제자로 삼아서, 아버지와 아들과 성령의 이름으로 침례/세례를 주고

모든 민족을 예수의 제자로 삼는 사람과 예수님은 함께 하십니다. 교회를 다닌다고 예수님이 함께 하시는 것이 아닙니다. 증인의 삶을 사는 사람, 제자를 삼고, 가르쳐 지키게 하는 사람과 함께 하십니다.

마 28:20 내가 너희에게 명령한 모든 것을 그들에게 가르쳐 지키게 하여라. 보아라, 내가 세상 끝 날까지 항상 너희와 함께 있을 것이다.

창조주 하나님이신 예수님이 나와 항상 함께 하신다는데, 그만한 복이 어딨습니까? 예수님과 함께 하는 사람은 모든 것을 다 가진 사람입니다. 그래서 담대하게 복음을 전할 수 있는 것입니다. 모든 것을 다 가진 사람은 어느 곳에서든지 당당합니다. 예수

님은 이미 우리에게 성령과 함께 다 주셨습니다. 우리에게 성령을 보내주심은 권능 받아 예루살렘에서부터 땅끝까지 예수의 증인 되라고 보내주신 것입니다.

행 1:8 그러나 성령이 너희에게 내리시면, 너희는 능력을 받고, 예루살렘과 온 유대와 사마리아에서, 그리고 마침내 땅 끝에까지 이르러 내 증인이 될 것이다.

교회 다니는 사람이 예수 믿는 사람이 아니라, 증인의 삶을 사는 사람이 예수 믿는 사람입니다. 영혼 구원을 위해 기도하고, 영혼 구원을 위해 공부하고, 영혼 구원을 위해 돈을 벌고, 영혼 구원을 위해 전도와 선교에 최우선순위를 두며 살아가는 사람이 예수 믿는 사람입니다. 예수님을 믿기 전에는 나를 위해 살았다면 이제는 예수님을 위한 삶으로 살아가는 사람이 되어야 합니다. 복음을 전하는 일에 목숨도 아까워하지 않는 사람, 재물도 아까워하지 않는 사람이 진짜 예수님을 믿는 사람입니다.

롬 14:8 우리는 살아도 주님을 위하여 살고, 죽어도 주님을 위하여 죽습니다. 그러므로 우리는 살든지 죽든지 주님의 것입니다

현대 선교의 아버지라고 불리는 윌리엄 캐리William Carey는 가난한 구두 수선공이었습니다. 초등학교도 나오지 않은 구두 수선

공이 무슨 꿈을 꿀 수 있었겠습니까? 그런데 그가 19살에 예수님을 인격적으로 만나고 나서 인생의 꿈이 생겼습니다. 영혼 구령의 열정으로 세계 열방 선교에 대한 꿈이었습니다. 그 꿈을 이루기 위해 라틴어, 헬라어, 히브리어, 프랑스어, 독일어, 이탈리아어, 네덜란드어를 공부했습니다. 그리고 세계 지도를 직접 만들어서 세계 여러 나라를 위해 기도를 시작했습니다. 당시 대부분의 기독교인들은 예수님의 대지상명령The Great Comission은 사도들에게 주어진 명령이지 자신과는 무관하다고 생각했습니다. 그래서 선교에는 관심이 없었습니다. 그러나 하나님의 꿈을 가진 윌리엄 캐리, 한 사람으로 인해 세계선교의 문이 열리기 시작했습니다. 작은 물꼬가 트인 것입니다.

그는 최초 침례교 특수선교회를 만들고, 1793년 32살에 인도 선교사로 떠납니다. 선교하는 동안 아내와 아들을 잃었지만, 선교를 중단하지 않았습니다. 오히려 그는 "하나님을 위해 위대한 일을 시도하고, 그 하나님으로부터 위대한 일을 기대하라"는 말을 합니다. 인도 선교 7년 만에 인도인 한 사람이 침례를 받았습니다. 그 후 수많은 사람들이 예수를 믿고 침례를 받습니다. 윌리엄 캐리, 한 사람 때문에 인도가 바뀌고, 세계선교의 한 획이 그어집니다.

현 OMF의 전신인 중국내지선교회China Inland Mission를 세운 허드슨 테일러는 17살에 복음 서적을 읽고 거듭남을 경험하면서 영혼에 대한 열정을 가지게 됩니다. 영국 캠브리지대학에서 의학을 공부하던 중 마지막 1년을 남겨놓고 하나님의 부르심에 순종하며 22살에 중국 선교사로 파송을 받습니다. 그는 중국 내지로 들어가서 중국인의 옷을 입고, 그들의 음식을 먹고, 그들의 문화 속에서 살면서 중국을 복음화합니다. 중국 선교를 하는 동안 아내와 딸과 아들을 잃었지만, 중국을 떠나지 않고 73세에 중국 호남성에서 죽음을 맞이합니다. 허드슨 테일러는 아무도 가지 않은 그 길을 개척한 사람입니다.

하나님을 의지하라. 하나님의 일을 하나님의 방법대로 행하면 하나님의 공급하심이 결코, 끊이지 않을 것이다. 우리가 믿음을 얻는 길은 하나님을 바라보고, 하나님의 신실하심에 순종하는 것이다. 오직 기도로, 하나님을 통해 사람의 마음을 움직여라. 선교는 하나님과 함께 일하는 것이다. - 허드슨 테일러

구전으로만 전해지던 아리랑을 현대 악보로 만들어 미국에 알리고 독립신문을 만들며 독립운동에 힘썼던 헐버트 선교사는 조선인보다 조선을 더 사랑한 선교사였습니다. 그는 웨스트민스터 사원에 묻히기보단 조선에 묻어달란 유언대로 양화진 선교사 묘원에 그의 시신이 안장되었습니다.

2025년은 한국선교 141주년을 맞이하는 해입니다. 1884년 9월 20일 알렌 선교사(Horace N. Allen 1858. 4~1932. 12, 선교사, 의사, 외교가였던 그는 유명한 선교사이며, 외교가이다. 1858년 4월 미국 오하이오주 델

라웨어에서 출생하였고, 1881년 미국 웨슬레이안 대학교를 졸업하고 1883년 3월에 미국 마이애미 의과대학을 졸업하였다. 같은 해 5월에는 미국 북장로교 해외선교본부에서 중국 파견 선교사로 임명되어 그 해 여름 중국 상해에 도착하여 선교사로서 활동하였다. 1884년 9월에 주한 미국공사관 공의(公醫)로 임명되어 서울에서 생활을 시작하였고, 갑신정변 당시 민비의 조카인 민영익을 치료해줌으로써 왕실의 두터운 신임을 받게 되었다. 그 결과 1885년 4월 광혜원의 설립을 인가받기에 이르렀다.)의 입국을 시작으로, 1885년 인천 제물포항으로 들어온 최초 장로교 선교사 언더우드, 감리교 선교사 아펜젤러, 1889년 26세에 최초 침례교 선교사로 들어온 말콤 펜윅 등 이런 분들의 희생이 있었기에 지금의 대한민국 교회가 있을 수 있었습니다. 이름도 없이 빛도 없이 희생과 순교의 피를 뿌린 선교사들의 헌신으로 오늘의 우리가 있을 수 있었습니다. 우리가 선교해야 할 이유입니다. 열방으로 비상해야 할 이유입니다. 하나님은 지금도 세계 곳곳에서 일하고 계십니다. 광야에 길을 내시고, 사막에 강을 내시는 하나님께서 우리를 통해 열방을 구원하길 원하십니다. 열방에 그리스도의 교회를 세우길 원하십니다.

"누가 가겠느냐?"
"주여, 제가 여기 있나이다. 저를 보내소서!"

하나님은 오늘도 우리에게 말씀하십니다.

"하나님의 꿈을 꾸라! 열방으로 비상하라!"

세계는 넓고, 하나님의 일은 무궁무진합니다.

주여, 열방으로 비상하게 하옵소서!

열방으로-대만선교캠프

사명자여 일어나라 - 듀나미스워십

사명자여 일어나라 주의 길 예비하라
사명자여 일어나라 주님 곧 오시리라
쓰러진 날 일으키사 주의 일 맡기셨네

연약한 날 부르시사 주 복음 전케하네
일어나라 낙심치 말고 가라 일어나라 주께서 함께 하네
일어나라 열방을 향해 가라 일어나라 주님 곧 오시리라

길과 진리 생명되신 우리 주 찬양하라
다시 오실 만왕의 왕 주 이름 찬양하라
소망 없던 나의 삶에 주 은혜 비추셨네
광야 같은 메마른 삶 생수로 채우시네
일어나라 낙심치 말고 가라 일어나라 주께서 함께 하네
일어나라 열방을 향해 가라 일어나라 주님 곧 오시리라

말씀 다시 보기 "열방으로 비상하라"

찬양 듣기 "사명자여 일어나라"

Chapter 8

사명으로 비상하라
행 20:22-24

[22] 보십시오. 이제 나는 성령에 매여서, 예루살렘으로 가는 길입니다. 거기서 무슨 일이 내게 닥칠지, 나는 모릅니다. [23] 다만 내가 아는 것은, 성령이 내게 일러주시는 것뿐인데, 어느 도시에서든지, 투옥과 환난이 나를 기다리고 있다는 것입니다. [24] 그러나 내가 나의 달려갈 길을 다 달리고, 주 예수께 받은 사명, 곧 하나님의 은혜의 복음을 증언하는 일을 다 하기만 하면, 나는 내 목숨이 조금도 아깝지 않습니다.

저는 모태신앙으로 자랐습니다. 어릴 적부터 교회 다니는 것은 지극히 당연한 일상이었습니다. 오래된 시골교회라 좋은 시설이 있는 것도 아니었는데 그냥 교회가 좋았습니다. 목사님 아들이 친구이기도 해서 학교 수업이 끝나면 학교 뒤에 있는 교회로 가 친구와 공부도 하고 놀기도 했습니다. 제가 다닌 교회의 이름은 당상교회입니다. 저희 어머니 선대 때부터 신앙의 유산을 이어온 교회입니다. 호남 기독교 100년사에 저의 고향인 부안을 이렇게 소개하고 있습니다.

"부안군은 바다를 끼고 있어 용왕신을 비롯해서 재산신, 천룡신, 화신, 무간대신 등 300여 종에 달하는 무속신앙이 있어 기독교가 뿌리를 내리는데 여간 고역이 아니었다. 부위렴 선교사가 군산을 출발해서 해안선을 따라 당상포에 배를 정박시키고 하나님의 말씀을 외치기 시작하였다. 이것이 부안 지방의 첫 선교의 포문이었다. 이후 1907년 부안군 동진면 당하 부락에 21평의 교회당을 신축하고 그 명칭을 당상교회라 불렀다."

부안군 최초 교회인 당상교회를 세운 부위렴 선교사는 미국남

장로교에서 파송된 윌리엄 불 선교사입니다. 그는 1876년 미국 버지니아 주에서 태어나 햄튼 시드니 대학을 졸업하고, 1899년 리치먼드 버지니아에 있는 유니언 신학교를 졸업한 후 조선 선교를 가슴에 품고, 1899년 군산에 들어와 1941년 미국으로 돌아가 사망할 때까지 42년간 군산과 전라북도 선교에 목숨을 겁니다. 그의 삶을 가난한 조선 땅으로 움직이게 한 것은 사명이었습니다. 하나님의 부르심에 순종한 것입니다. 부르심은 소명이고, 부르심대로 살아가는 것은 사명입니다.

우리가 섬기는 자리에 있는 것도, 함께 예배하는 것도 내 계획이 아니며, 우연도 아닌 하나님의 부르심인 것을 깨달아야 합니다. 나의 계획은 아무것도 없었습니다. 그저 하나님의 계획만 있을 뿐입니다. 사는 도시도 다르고, 살아온 환경도 다른 사람들이 어떻게 한 교회에 모여 예배드릴 수 있을까요? 하나님의 인도하심이 아니고서는 설명할 수 없습니다.

요 6:44 나를 보내신 아버지께서 이끌어 주지 아니하시면, 아무도 내게 올 수 없다. 나는 그 사람들을 마지막 날에 살릴 것이다.

잠 16:9 사람이 마음으로 자기의 앞길을 계획하지만, 그 발걸음을 인도하시는 분은 주님이시다.

고등학교 1학년 때 의사가 되겠다는 저의 꿈을 하나님은 하나님의 꿈으로 바꾸셨습니다. 나의 계획을 하나님의 계획으로 바꾸셨습니다. 우리의 발걸음을 인도하시는 분은 하나님이십니다. 그러니 우리의 인생을 하나님께 맡길 때 가장 안전하고, 옳은 길로 갈 수 있습니다. 하나님은 결코, 실수하지 않으시기 때문입니다.

좋은 꿈을 꿨던 요셉은 꿈대로 좋은 길이 펼쳐진 것이 아니라, 형들의 미움으로 짐승을 잡는 웅덩이에 던져졌습니다. 가까스로 건져져 살았다 했는데, 다시 이집트에 노예로 팔려갔습니다. 그러나 하나님이 함께 한 요셉은 보디발의 신임을 얻어 가정 총무가 되었지만, 다시 감옥에 갇히는 신세가 되었습니다. 갈수록 태산, 갈수록 꼬이는 인생이었습니다. 이 고난의 끝이 언제인지 보이지 않았습니다. 그때 요셉이 한 것은 원망과 불평이 아니라 변함없이 하나님을 신뢰한 것입니다. 하나님을 바라본 것입니다. 하나님만 의지한 것입니다. 그랬을 때 13년 후 마침내 이집트 총리가 되게 하십니다.

하나님은 실수하지 않으신다네 - 최용덕

내가 걷는 이 길이 혹 굽어 도는 수가 있어도
내 심장이 울렁이고 가슴 아파도 내 마음속으로
여전히 기뻐하는 까닭은 하나님은 실수하지 않으심일세

내가 세운 계획이 혹 빗나갈지 모르며 나의 희망 덧없이 쓰러질 수 있지만
나 여전히 인도하시는 주님을 신뢰하는 까닭은
주께서 내가 가야 할 길을 잘 아심일세
어두운 밤 어둠이 깊어 날이 다시는 밝지 않을 것 같아보여도
내 신앙 부여잡고 주님께 모든 것 맡기리니 하나님을 내가 믿음일세
지금은 내가 볼 수 없는 것 너무 많아서 너무 멀리 가물가물 어른거려도
운명이여 오라 나 두려워 아니하리 만사를 주님께 내어 맡기리
차츰차츰 안개는 걷히고 하나님 지으신 빛이 뚜렷이 보이리라
가는 길이 온통 어둡게만 보여도 하나님은 실수하지 않으신다네

부르심이 확실하고, 사명이 있으면 결코, 흔들리지 않습니다. 왜 신앙생활을 하면서 흔들릴까요? 부르심이 확실하지 않기 때문입니다. 하나님과의 인격적이고, 영적인 만남이 불확실하기 때문입니다. 하나님이 75세 아브라함을 부르셨습니다.

창 12:1-2 주님께서 아브람에게 말씀하셨다. "너는, 네가 살고 있는 땅과, 네가 난 곳과, 너의 아버지의 집을 떠나서, 내가 보여주는 땅으로 가거라. 내가 너로 큰 민족이 되게 하고, 너에게 복을 주어서, 네가 크게 이름을 떨치게 하겠다. 너는 복의 근원이 될 것이다."

심판을 앞두고 노아를 부르셨습니다. 부르심은 사명입니다. 하나님 구원의 계획을 위한 특별한 부르심이었습니다.

창 6:13-14,22 하나님이 노아에게 말씀하셨다. "땅은 사람들 때문에 무법천지가 되었고, 그 끝날이 이르렀으니, 내가 반드시 사람과 땅을 함께 멸하겠다. 너는 잣나무로 방주 한 척을 만들어라. 방주 안에 방을 여러 칸 만들고, 역청을 안팎에 칠하여라." 노아는 하나님이 명하신 대로 다 하였다. 꼭 그대로 하였다.

하나님은 나이 80의 모세를 부르셨습니다.

출 3:4,10 모세가 그것을 보려고 오는 것을 보시고, 하나님이 떨기 가운데서 "모세야, 모세야!" 하고 그를 부르셨다. 모세가 대답하였다. "예, 제가 여기에 있습니다." "이제 나는 너를 바로에게 보내어, 나의 백성 이스라엘 자손을 이집트에서 이끌어 내게 하겠다."

이때 모세의 답변은 무엇이었습니까?

"내가 무엇이라고 바로에게 갑니까? 나는 그럴만한 사람이 아닙니다. 보낼 만한 사람을 보내십시오! 나는 그럴 감이 아닙니다."

하나님이 우리를 부르실 때 우리도 모세처럼 대답하지 않으십니까? '나는 할 수 없다고, 나는 능력이 되지 않는다고, 나는 아직 준비되지 않았다고' 핑계 대지 않습니까? 그럼 도대체 언제 준비가 됩니까? 이런 생각이 교만입니다. 내가 할 수 있을 땐, 하나님을 찾지 않습니다. 나는 할 수 없으니, 하나님 능력 주셔서 사용해 달라고 할 때 하나님이 우리를 통해 일하십니다. 하나님이 겁쟁이 의심꾼 기드온을 부르시고, 미운털 목동 다윗을 부르시고, 작은 자 이사야를 부르십니다. 정혼한 마리아를 부르시고, 갈릴리 호수에서 밑바닥 인생을 살고 있던 시몬과 제자들을 부르십니다.

> **마 4:19** 예수께서 그들에게 말씀하셨다. "나를 따라오너라. 나는 너희를 사람을 낚는 어부로 삼겠다."

하나같이 부르시고, 사명을 주십니다. 우리에게 사명을 주시는 분은 하나님이십니다.

> **고후 1:21** 우리를 여러분과 함께 그리스도 안에 튼튼히 서게 하시고, 또 우리에게 사명을 맡기신 분은, 하나님이십니다.

그런데 하나님께서 사람을 부르실 때 대단한 사람들을 부르신 것이 아니라, 세상에서 가장 연약하고 자랑할 것이 없는 사람들을 부르셨습니다. 그래야 하나님이 하셨다고 자랑할 수 있기 때문입니다.

고전 1:26-28 형제자매 여러분, 여러분이 부르심을 받을 때에, 그 처지가 어떠하였는지 생각하여 보십시오. 육신의 기준으로 보아서, 지혜 있는 사람이 많지 않고, 권력 있는 사람이 많지 않고, 가문이 훌륭한 사람이 많지 않았습니다. 그런데 하나님께서는, 지혜 있는 자들을 부끄럽게 하시려고 세상의 어리석은 것들을 택하셨으며, 강한 것들을 부끄럽게 하시려고 세상의 약한 것들을 택하셨습니다. 하나님께서는 세상에서 비천한 것들과 멸시받는 것들을 택하셨으니 곧 잘났다고 하는 것들을 없애시려고 아무것도 아닌 것들을 택하셨습니다.

이것이 하나님의 은혜입니다. 지금의 내 환경, 모습에 낙심하지 말고, 하나님께 감사할 때, 하나님이 함께 하십니다. 부활하신 예수님은 제자들에게 "두려워하지 말라" 말씀하시면서 사명을 주십니다. 그 사명은 '모든 민족, 모든 열방에 예수의 제자를 삼으라'는 것입니다. 땅끝까지 예수의 증인 되라는 것입니다. 증인의 삶을 살 때 세상 끝날까지 영원히 함께하시겠다고 약속하셨습니다.

제자들은 예수님의 말씀대로 성령 받고 증인의 삶을 살아갑니다. 가는 곳곳마다 예수 이름으로 기적을 행하며 부활하신 예수를 증거 합니다. 그러자 예수를 믿는 사람의 수가 폭발적으로 늘어납니다. 하나님께서 믿는 자의 수를 더해 주신 것입니다. 부흥은 그냥 저절로 일어나는 것이 아닙니다. 기도하는 사람을 통해시 부흥은 일어납니다. 전도하는 사람을 통해서 일어납니다. 순교의 피가 뿌려질 때 부흥은 일어납니다. 사명대로 산다는 것은 결코 평탄한 삶이 아닙니다. 아무런 문제 없이 모든 것이 다 잘 풀리는 것이 아닙니다. 사명자의 삶은 고단한 삶입니다. 부흥은 고난과 함께 옵니다. 축복은 고난을 뛰어넘을 때 내 것이 되는 것입니다.

마 10:22 너희는 내 이름 때문에 모든 사람에게서 미움을 받을 것이다. 그러나 끝까지 견디는 사람은 구원을 얻을 것이다.

끝까지 견디는 자가 구원을 받습니다. 전도도 인내하는 것입니다. 기도도, 사랑도 인내하는 것입니다. 인내하는 자가 구원을 받습니다. 그런데 사명이 명확하지 않으면 인내할 수 없습니다. 모세가 광야 40년을 인내할 수 있었던 것은 부르심에 대한 사명이 확실했기 때문입니다. 그의 사명은 이스라엘 백성을 약속의 땅으로 인도하는 것이었습니다. 그 땅까지 가는 길이 험난했지만 주신 사명이었기에 기도하며 걸어갔습니다. 마침내 가나안 땅이 눈앞에 펼쳐졌을 때 얼마나 감격했겠습니까? 그런데 하나님은 모세에게 "너는 거기까지"라고 하십니다. "네 은혜가 네게 족하도다!"라는 것입니다. 모세의 사명은 요단강 입구까지였습니다.

이사야의 사명은 하나님의 심판을 유다 백성들과 지도자들에게 선포하는 것입니다. 그래도 듣지 않을 거라고 합니다. 축복을 명하는 것이 아니라 심판과 저주를 명하라고 이사야를 부르신 것입니다. 그 일을 누가 하고 싶겠습니까? 좋은 말을 해도 들을까 말까 하는데 듣기 싫은 말을 해야 하는 것입니다. 하나님은 이사야에게 더 심한 것도 시키십니다. 3년 동안 벗은 몸과 벗은 발로 수치를 보이며 사람들 앞에서 외치라고 하십니다. 이사야는 그 사명을 묵묵히 감당해냅니다. 누가 알아주지 않아도, 무시를 당해도 사명이기에 그 길을 걸어갑니다.

> **사 20:2** 그 해에 주님께서 아모스의 아들 이사야를 시켜서 말씀하셨다. 주님께서 이사야에게 말씀하시기를, 허리에 두른 베옷을 벗고, 발에서 신을 벗으라고 하셨다. 그래서 이사야는, 말씀대로, 옷을 벗고 맨발로 다녔다.

침례/세례 요한은 예수님이 오시기까지 주의 길을 예비하는 자가 되어 광야에서 회개의 복음을 선포합니다. 요한을 따르는 많은 제자가 있었지만, 요한은 주인공이 아니었습니다. 자신을 드러낸 것이 아니라, 예수님을 드러냈습니다. "나는 쇠하여야 하겠고, 예수는 흥하여야 하리라" 하면서 예수를 증거 합니다.

> **요 3:30** 그는 흥하여야 하고, 나는 쇠하여야 한다.

요한은 자신의 사명을 알고 사명대로 살다가 간 사람입니다. 사명대로 사는 삶은 이와 같습니다. 나의 유익이 아닌 예수 그리스도의 유익을 위해 사는 삶입니다. 바울은 부활하신 예수를 만난 후 고난의 삶이었습니다. 오히려 그 고난을 기쁘게 여겼습니다. 예수의 고난을 교회를 위하여 몸으로 채워갔습니다. 사명자의 삶은 예수님이 걸어간 삶을 살아내는 것임을 알았기에 고난을 피하지 않았습니다. 날마다 자신을 부인하고 십자가를 지고 걸어갔습니다.

골 1:24-25 이제 나는 여러분을 위하여 고난을 받는 것을 기쁘게 여기고 있으며, 그리스도의 남은 고난을 그분의 몸 곧 교회를 위하여 내 육신으로 채워가고 있습니다. 나는 하나님께서 여러분을 위하여 하나님의 말씀을 남김없이 전파하게 하시려고 내게 맡기신 사명을 따라, 교회의 일꾼이 되었습니다.

우리는 교회의 일꾼입니까, 훼방꾼입니까? 사명자입니까, 사기꾼입니까? 사명을 따라 사는 교회의 일꾼이 되십시오. 바울은 자신 앞에 고난이 펼쳐질 줄을 알면서도 그 길을 걸어갑니다. 내 생각과 감정과 계획에 매여 살아가는 삶이 아니라, 오직 성령에 매여 살아갑니다. '나의 사명'이 확실했기 때문입니다.

행 20:21-24 나는 유대 사람에게나 그리스 사람에게나 똑같이, 회개하고 하나님께로 돌아올 것과 우리 주 예수를 믿을 것을, 엄숙히 증언하였습니다. 보십시오. 이제 나는 성령에 매여서, 예루살렘으로 가는 길입니다. 거기서 무슨 일이 내게 닥칠지, 나는 모릅니다. 다만 내가 아는 것은, 성령이 내게 일러주시는 것뿐인데, 어느 도시에서든지, 투옥과 환난이 나를 기다리고 있다는 것입니다. 그러나 내가 나의 달려갈 길을 다 달리고, 주 예수께 받은 사명, 곧 하나님의 은혜의 복음을 증언하는 일을 다 하기만 하면, 나는 내 목숨이 조금도 아깝지 않습니다.

사명을 아는 사람은 그 길을 끝까지 완주합니다. 바울의 사명은 예수님께 받은 사명이었습니다. 그 사명은 하나님의 은혜의 복음을 증언하는 일이었습니다. 그 은혜의 복음을 증언하기 위해 바울은 때로는 책망을 하고, 때로는 위로와 격려로, 때로는 눈물로 호소합니다. 한 영혼이라도 구원하고 싶었기 때문입니다. 예수님이 그러셨습니다. 책망으로, 위로와 격려로, 눈물로 하나님 나라를 선포하셨습니다. 그들을 치유하셨습니다. 마침내는 버림받은 돌이 되었습니다. 수치와 멸시를 당하시며 십자가를 지셨습니다. 그러나 하나님은 예수님을 집 모퉁이돌, 머릿돌이 되게 하셨습니다.

행 4:11 이 예수는 '너희들 집 짓는 사람들에게는 버림받은 돌이지만, 집 모퉁이의 머릿돌이 되신 분'입니다.

하나님 아버지께서 주신 사명대로 사신 것입니다. 그랬을 때 하나님 보좌 우편에 앉으셨습니다. 우리의 사명은 무엇입니까? 이 땅에서 꼭 이루고자 하는 나의 꿈입니까? 조금 더 잘 먹고, 잘

사는 것입니까? 우리가 원하는 것들을 얻으며 윤택한 삶을 사는 것입니까? 저는 가난한 농사꾼의 아들로 자랐습니다. 그래서 가난이 싫었습니다. 부자로 살고 싶었습니다. 그래서 의사가 되겠다는 꿈을 가졌습니다. 그러다 고등학교 1학년 때 부활하신 예수를 만나고, 성령을 받았습니다. 그리고 꿈이 바뀌었습니다. 사명이 생겼습니다. 세계 열방을 다니며, 예수 그리스도를 전하는 전도자, 선교사가 되는 것이었습니다. 영적으로 죽어있는 한국교회를 향하여 광야에서 외치는 자의 소리가 되어 "회개하라 천국이 가까이 왔느니라" 회개의 복음을 선포하며, 다음 세대들을 깨우는 사명을 붙들었습니다.

> **행 20:24** "내가 달려갈 길과 주 예수께 받은 사명 곧 하나님의 은혜의 복음을 증언하는 일을 마치려 함에는 나의 생명조차 조금도 귀한 것으로 여기지 아니하노라"

아무도 알아주지 않는 일, 쉽게 외칠 수 없는 말, 그게 나의 사명이라 생각하고 지금까지 달려왔습니다. 교회가 작다고, 어린이, 청소년 사역한다고 무시를 당해도, 저에게 주어진 사명, 오직 예수 그리스도의 부활과 천국과 지옥을 선포하며 눈물로 복음을 전하고 있습니다. 오직 하나님 한 분만 바라보고, 한 영혼을 바라보며 온몸으로 복음을 전하고 있습니다. 하나님이 일하시는 현장에 내가 있고 싶어서, 하나님이 일하시는 곳에 쓰임 받고 싶어서 더 엎드렸습니다. 하나님 나라의 광대가 되었습니다. 천국의 개

그맨이 되었습니다. 한 영혼을 구원하고 싶어서 나를 버렸습니다.

고전 9:19-23 나는 어느 누구에게도 얽매이지 않은 자유로운 몸이지만, 많은 사람을 얻으려고, 스스로 모든 사람의 종이 되었습니다. 유대 사람들에게는, 유대 사람을 얻으려고 유대 사람같이 되었습니다. 율법 아래 있는 사람들에게는, 내가 율법 아래 있지 않으면서도, 율법 아래에 있는 사람을 얻으려고 율법 아래 있는 사람같이 되었습니다. 율법이 없이 사는 사람들에게는, 내가 하나님의 율법이 없이 사는 사람이 아니라 그리스도의 율법 안에서 사는 사람이지만, 율법 없이 사는 사람들을 얻으려고 율법 없이 사는 사람같이 되었습니다. 믿음이 약한 사람들에게는, 약한 사람들을 얻으려고 약한 사람이 되었습니다. 나는 모든 종류의 사람에게 모든 것이 다 되었습니다. 그것은, 내가 어떻게 해서든지, 그들 가운데서 몇 사람이라도 구원하려는 것입니다. 나는 복음을 위하여 이 모든 일을 하고 있습니다. 그것은 내가 복음의 복에 동참하기 위함입니다.

어떻게 해서든지 한 영혼을 얻고자 스스로 약한 사람이 되었습니다. 저는 복음을 위하여 이 모든 일을 하고 있습니다. 저도 복음의 복에 동참하기 위함입니다. 한 영혼에 대한 안타까움이 있어서 어린이들을 보면 눈물이 나고, 아무런 꿈도 소망도 없이 망가져 있는 청소년들과 청년들을 보면 눈물이 나고, 상처와 치유되지 못한 자아로 또 다른 상처를 주며 무너지고 있는 어른들과 가정을 보면 눈물이 나는 것입니다. 바울은 육신의 고통이 고통이 아니있습니다. 그를 아프게 했던 것은 교회를 위한 염려였습니다.

고후 11:28-29 그 밖의 것은 제쳐놓고서라도, 모든 교회를 염려하는 염려가 날마다 내 마음을 누르고 있습니다. 누가 약해지면, 나도 약해지지 않겠습니까? 누가 넘어지면, 나도 애타지 않겠습니까?

예수님을 믿는 우리의 마음에 바울과 같은 간절함이 있어야 하지 않겠습니까? 하나님의 사랑을 제대로 경험한 사람은 영혼을 사랑합니다. 하나님을 "사랑한다." 하면서 영혼을 사랑하지 않는 사람은 하나님을 알지 못하는 사람입니다. 우리를 사랑하셔서 예수 그리스도를 이 땅에 보내주시고 화목제물이 되게 하신 하나님의 사랑을 안다면, 우린 서로 사랑할 수 밖에 없는 것입니다.

요일 4:7-11 사랑하는 여러분, 서로 사랑합시다. 사랑은 하나님에게서 난 것입니다. 사랑하는 사람은 다 하나님에게서 났고, 하나님을 압니다. 사랑하지 않는 사람은 하나님을 알지 못합니다. 하나님은 사랑이시기 때문입니다. 하나님의 사랑이 우리에게 이렇게 드러났으니, 곧 하나님이 자기 외아들을 세상에 보내주셔서 우리로 하여금 그로 말미암아 살게 해주신 것입니다. 사랑은 이 사실에 있으니, 곧 우리가 하나님을 사랑한 것이 아니라, 하나님이 우리를 사랑하셔서, 자기 아들을 보내어 우리의 죄를 위하여 화목제물이 되게 하신 것입니다. 사랑하는 여러분, 하나님께서 이렇게까지 우리를 사랑하셨으니, 우리도 서로 사랑해야 합니다.

하나님을 사랑하는 사람은 영혼에 대한 안타까움이 있습니다. 영혼에 대한 눈물이 있습니다. 영혼에 대한 사랑, 영혼 구령의 열정이 있는 사람은 사명을 위해 목숨을 아까워하지 않는 것입니다. 찬양하지 못하고, 기도하지 못하는 아이들! 찬양하자고 사정을 하고, 열심히 찬양했다고 간식을 주고, 마치 '개는 훌륭하다'처럼 잘하면 간식을 주면서 훈련시키는 모습이 한국교회 주일학교의 모습은 아닙니까? 말씀 앞에 반응하고, 강단에 올라와 무릎 꿇고 눈물로 기도하며 찬양하는 다음 세대들의 모습을 보면 저는 이렇게 말합니다.

"세상의 모든 다음 세대는 훌륭하다."

사명을 깨우시길 바랍니다. 다시 사명으로 비상하시길 바랍니다. 주님 오시는 그 날 "잘하였도다. 착하고 충성된 종아."란 칭찬을 들을 수 있도록 사명으로 살아가는 우리가 되어야 합니다.

내 영혼아, 사명으로 비상하라!
내 영혼아, 사명으로 다시 일어서라!

슈퍼마리오로 변신 어린이 부흥회

다시 말씀 듣기 "사명으로 비상하라"

찬양 듣기 "다시 복음 앞에"

Chapter 9

푯대를 향하여 비상하라
빌 3:1-14

¹ 끝끝으로, 나의 형제자매 여러분, 주 안에서 기뻐하십시오. 내가 같은 말을 되풀이해서 쓰는 것이 나에게는 번거롭지도 않고, 여러분에게는 안전합니다. ² 개들을 조심하십시오. 악한 일꾼들을 조심하십시오. 살을 잘라내는 할례를 주장하는 자들을 조심하십시오. ³ 하나님의 영으로 예배하며, 그리스도 예수 안에서 자랑하며, 육신을 의지하지 않는 우리들이야말로, 참으로 할례 받은 사람입니다. ⁴ 하기야, 나는 육신에도 신뢰를 둘 만합니다. 다른 어떤 사람이 육신에 신뢰를 둘 만한 것이 있다고 생각하면, 나는 더욱 그러합니다. ⁵ 나는 난 지 여드레만에 할례를 받았고, 이스라엘 민족 가운데서도 베냐민 지파요, 히브리 사람 가운데서도 히브리 사람이요, 율법으로는 바리새파 사람이요, ⁶ 열성으로는 교회를 박해한 사람이요, 율법의 의로는 흠 잡힐 데가 없는 사람이었습니다. ⁷ [그러나] 나는 내게 이로웠던 것은 무엇이든지 그리스도 때문에 해로운 것으로 여기게 되었습니다. ⁸ 그뿐만 아니라, 내 주 예수 그리스도를 아는 지식이 가장 고귀하므로, 나는 그 밖의 모든 것을 해로 여깁니다. 나는 그리스도 때문에 모든 것을 잃었고, 그 모든 것을 오물로 여깁니다. 나는 그리스도를 얻고, ⁹ 그리스도 안에 있는 사람으로 인정받으려고 합니다. 나는 율법에서 생기는 나 스스로의 의가 아니라, 그리스도를 믿는 믿음으로 말미암아 오는 의 곧 믿음에 근거하여, 하나님에게서 오는 의를 얻으려고 합니다. ¹⁰ 내가 바라는 것은, 그리스도를 알고, 그분의 부활의 능력을 깨닫고, 그분의 고난에 동참하여, 그분의 죽으심을 본받는 것입니다. ¹¹ 그리하여 나는 어떻게 해서든지, 죽은 사람들 가운데서 살아

나는 부활에 이르고 싶습니다. [12] 나는 이것을 이미 얻은 것도 아니며, 이미 목표점에 다다른 것도 아닙니다. 그리스도 [예수]께서 나를 사로잡으셨으므로, 나는 그것을 붙들려고 좇아가고 있습니다. [13] 형제자매 여러분, 나는 아직 그것을 붙들었다고 생각하지 않습니다. 내가 하는 일은 오직 한 가지입니다. 뒤에 있는 것은 잊어버리고, 앞에 있는 것을 향하여 몸을 내밀면서, [14] 그리스도 예수 안에서, 하나님께서 위로부터 부르신 그 부르심의 상을 받으려고, 목표점을 바라보고 달려가고 있습니다.

목표라는 것은 먼 30년 뒤의 목표도 있지만, 1시간 뒤의 목표도 있습니다. 그 목표가 쌓이다 보면 30년이란 세월이 흐르는 것입니다. '오늘 밤새 게임을 해서 레벨업, 아이템을 득템 하리라!', '오늘 저녁 10시 드라마 본방사수 하리라!', '올해 성경 10독 하리라!', '올해 전도의 열매 50명!' 전부 목표입니다. 저마다 목표를 가지고 살아가고 있는 것입니다. 우리가 아무리 좋은 계획을 세우고 인생 목표를 세웠다 할지라도 그 계획을 이루시는 분은 하나님이십니다.

잠 16:9 사람이 마음으로 자기의 앞길을 계획하지만, 그 발걸음을 인도하시는 분은 주님이시다.

지혜로운 사람은 나를 창조하신 창조주 하나님을 알고, 그분의 인도를 받는 사람입니다. 나를 제일 잘 아시는 분은 하나님이십니다. 세상에서 제일 지혜롭고 모든 세상 부귀영화를 다 가졌던 솔로몬이 인생 말년에 이런 고백을 합니다.

전 12:1-2 젊을 때에 너는 너의 창조주를 기억하여라. 고생스러운 날들이 오고, 사는 것이 즐겁지 않다고 할 나이가 되기 전에, 해와 빛과 달과 별들이 어두워지기 전에, 먹구름이 곧 비를 몰고 오기 전에, 그렇게 하여라.

이왕이면 한 살이라도 더 젊을 때에, 창조주 하나님을 기억하라는 것입니다. 수명을 다하여 육체를 벗는 날이 오기 전에 창조주 하나님을 기억하라고 솔로몬은 말합니다.

전 12:7 육체가 원래 왔던 흙으로 돌아가고, 숨이 그것을 주신 하나님께로 돌아가기 전에, 네 창조주를 기억하여라.

육체가 원래 왔던 흙으로 돌아갈 그 날이 언제인지는 아무도 모릅니다. 나이가 많다고 빨리 떠나는 것도 아니고, 어리다고 오래 사는 것도 아닙니다. 죽음은 한순간에 찾아옵니다. 언제 어디서 묻지 마 살인사건이 일어날지 모르고, 언제 교통사고가 일어날지 모르고, 언제 무슨 일이 일어날지 아무도 모릅니다. 그 전에 창조주 하나님을 기억해야 합니다. 우리의 목표는 무엇입니까? 무엇을 위해 공부하고, 무엇을 위해 돈을 벌고, 무엇을 위해 하루하루 살아가십니까?

신앙에도 분명한 목표가 있어야 합니다. 신앙의 목표가 없는 사람은 성장도 없고, 성숙도 일어나지 않습니다. 아이가 태어나면 생애주기에 따라 성장해야 합니다. 그런데 주기에 맞게 성장하지 않는다면 아이에게 문제가 있는 것처럼, 신앙도 해를 거듭할수록 성장하고, 성숙해져야 합니다. 성장하지 않고, 성숙하지 못한 사람들이 교회에서 자꾸 문제를 일으키는 것입니다. 바울도 젊은 디모데에게 신앙의 성장과 성숙함을 모든 사람에게 보이라고 권면합니다.

딤전 4:12-15 아무도, 그대가 젊다고 해서, 그대를 업신여기지 못하게 하십시오. 도리어 그대는, 말과 행실과 사랑과 믿음과 순결에 있어서, 믿는 이들의 본이 되십시오. 내가 갈 때까지, 성경을 읽는 일과 권면하는 일과 가르치는 일에 전념하십시오. 그대 속에 있는 은사, 곧 그대가 장로들의 안수를 받을 때에 예언을 통하여 그대에게 주신 그 은사를 소홀히 여기지 마십시오. 이 일들을 명심하고 힘써 행하십시오. 그리하여 그대가 발전하는 모습을 모든 사람에게 나타나게 하십시오.

적어도 신앙생활을 시작한 지 3년이 되었다면 이젠 열매 맺는 제자가 되어야 합니다. 예수님도 별 볼 일 없는 사람들을 제자로 부르시고, 그들을 3년 데리고 다니시면서 훈련시켰습니다. 예수님이 십자가 고난을 당하실 땐 다 도망갔던 그들이 성령을 받고 나니 능력 있는 전도자들이 되었습니다. 마침내는 복음을 위하여 순교하며 예수 증인의 삶으로 마감했습니다.

제자들이 받은 성령과 우리가 받은 성령은 다른 분입니까? 초대교회 성도들이 받은 성령 충만과 우리가 받은 성령 충만은 다른 것입니까? 제자들은 능력이 있었는데, 오늘날 그리스도인들은 왜 성령의 나타남이 없습니까? 하나님은 우리도 제자로 부르셨습니다. 우리에게 성령을 부어 주셨고, 예수 이름의 권세를 주셨습니다. 우리는 하나님의 자녀이며, 그리스도의 좋은 군사들입니다. 군사면 군사답게, 하나님의 자녀면 하나님의 자녀답게 살아가는 것입니다. 그들이 목적대로 살아가는 사람들입니다. 목표를 향하여 살아가는 사람들입니다. 바울은 디모데에게 다음과 같이 권면합니다.

딤후 2:3-4 그대는 그리스도 예수의 훌륭한 군사답게 고난을 함께 달게 받으십시오. 누구든지 군에 복무를 하는 사람은 자기를 군사로 모집한 상관을 기쁘게 해 주어야 합니다. 그러므로 그는 살림살이에 얽매여서는 안 됩니다.

군인은 나라를 위하여 부름을 받은 사람이기에 자기 살림살이에 얽매이지 않고, 모집한 상관, 국가를 위해 충성을 다합니다. 적으로부터 내 부모 형제와 국민을 지키기 위해 목숨 바쳐 훈련과 전투에 임합니다. 이것이 군인정신입니다. 군대에서 외웠던 군인복무규율 제4조 3항 군인정신입니다.

군인정신은 전쟁의 승패를 좌우하는 필수적인 요소이다. 그러므로 군인은 명예를 존중하고, 투철한 충성심, 진정한 용기, 필승의 신념, 임전무퇴의 기상과 죽음을 무릅쓰고 책임을 완수하는 숭고한 애국애족의 정신을 굳게 지녀야 한다.

이 군인정신으로 무장되어 있을 때 전쟁이 나도 승리할 수 있는 것처럼, 우리 신앙생활에도 예수 정신으로 무장되어 있어야 영적 전쟁에서 승리할 수 있습니다. 전신갑주로 무장되어 있어야 고지에 승리의 깃발을 꽂을 수 있는 것입니다.

'나는 반드시 승리하리라. 나는 반드시 응답받으리라. 나는 반드시 고침받으리라. 나는 반드시 능력 받으리라. 나는 반드시 축복받으리라.' 믿고 흔들리지만 않는다면 믿음대로 될 것입니다.

마 21:21 예수께서 그들에게 말씀하셨다. "내가 진정으로 너희에게 말한다. 너희가 믿고 의심하지 않으면, 이 무화과나무에 한 일을 너희도 할 수 있을 뿐 아니라, 이 산더러 '들려서 바다에 빠져라' 하고 말해도, 그렇게 될 것이다."

목표 없이 살아가는 인생처럼 불쌍한 인생은 없습니다. 그런 사람들은 시간을 허비합니다. 매사 탓만 하며 살아갑니다. 자신의 문제를 보지 못합니다. 결국, 스스로 실패한 인생으로 여깁니다. 그런데 성공한 사람들은 공통적인 습관이 있습니다. 스티븐 R. 코비는 '성공한 사람들의 7가지 습관'을 다음과 같이 정리했습니다.

1. 미리 생각하라 Be Proactive
2. 목적을 명확히 하라 Begin with the End in Mind
3. 우선순위를 정하라 Put First Things First
4. 상호이해를 추구하라 Think Win-Win
5. 상대방을 먼저 이해하고 나서야 이해받으라 Seek First to Understand, Then to Be Understood
6. 시너지를 발휘하라 Synergize
7. 자기 계발에 힘쓰라 Sharpen the Saw

세상에서도 좋은 습관을 가진 사람들은 성공했습니다. 그런데 이런 습관은 이미 성경에서 말씀해 주신 것들입니다. 잠언에 기록된 하나님 말씀대로만 살면 성공합니다. 신구약 66권 성경대로만 살면 성공합니다. 하나님은 이미 우리에게 성경을 통해서 복을 약속해 주셨습니다. 그런데 그 말씀을 믿지 못하고, 순종하지 않기 때문에 그 복을 받아 누리지 못하는 것입니다. 하나님의 말씀을 귀담아듣고, 주의 깊게 지키면, 하나님께서 약속하신 모든 복이 우리를 따를 것입니다. 복을 좇아가는 인생이 아니라, 복이 나를 따라오는 복쟁이, 복의 근원 된 자들이 바로 그리스도인들입니다.

신 28:1-2 당신들이 주 당신들의 하나님의 말씀을 귀담아 듣고, 내가 오늘 당신들에게 명한 그 모든 명령을 주의 깊게 지키면, 주 당신들의 하나님이 당신들을 세상의 모든 민족 위에 뛰어나게 하실 것입니다. 당신들이 주 당신들의 하나님의 말씀에 순종하면, 이 모든 복이 당신들에게 찾아와서 당신들을 따를 것입니다.

세상 사람들도 성공하기 위하여 좋은 습관을 기르는데, 그리스도인들은 영적인 성공을 위해 어떤 습관을 기르고 있습니까? 좋은 습관을 기르기 위한 육신의 훈련도 유익이 있는데, 경건 훈련은 어떻겠습니까? 경건 훈련은 이 세상뿐 아니라, 오는 영원한 세상에서 생명을 줍니다.

딤전 4:7-8 저속하고 헛된 꾸며낸 이야기들을 물리치십시오. 경건함에 이르도록 몸을 훈련하십시오. 몸의 훈련은 약간의 유익이 있으나, 경건 훈련은 모든 면에 유익하니, 이 세상과 장차 올 세상의 생명을 약속해 줍니다.

운동선수들도 메달을 따기 위해 피나는 훈련을 합니다. 손흥민이 그냥 된 것이 아닙니다. 김연아가 저절로 '피겨 퀸'이 된 것이 아닙니다. 2023 세계수영선수권대회에서 김우민 선수가 자유형 800m에서 7분 47초 69로 들어와 박태환 선수의 한국신기록을 11년 만에 깼습니다. 어쩌다 보니까 기록을 깼을까요? 신기록을 깨기까지 얼마나 고된 훈련을 했겠습니까? 포기하고 싶을 위기가 없었을까요? 다른 또래 친구들처럼 놀고 싶지 않았을까요? 그랬다면 그는 메달을 따지 못했을 것입니다. 국가대표도 될 수 없었을 것입니다. 이들에겐 목표가 있었습니다. 국가대표, 금

메달을 목에 거는 것입니다. 월계관을 쓰는 것입니다. 우리의 목표는 무엇입니까? 대충 살다 대충 가는 것입니까? 교회 생활도 대충 하다 마는 것입니까? 목표를 가지시길 바랍니다. 그 목표를 이루기 위해 절제하고, 인내하시길 바랍니다. 그런 자에게 반드시 상이 주어집니다.

고전 9:24-27 경기장에서 달리기하는 사람들이 모두 달리지만, 상을 받는 사람은 하나뿐이라는 것을 여러분은 알지 못합니까? 이와 같이 여러분도 상을 받을 수 있도록 달리십시오. 경기에 나서는 사람은 모든 일에 절제를 합니다. 그런데 그들은 썩어 없어질 월계관을 얻으려고 절제를 하는 것이지만, 우리는 썩지 않을 월계관을 얻으려고 하는 것입니다. 그러므로 나는 목표 없이 달리듯이 달리기를 하는 것이 아닙니다. 나는 허공을 치듯이 권투를 하는 것이 아닙니다. 나는 내몸을 쳐서 굴복시킵니다. 그것은 내가, 남에게 복음을 전하고 나서 도리어 나 스스로는 버림을 받는, 가련한 신세가 되지 않으려는 것입니다.

저도 썩지 않을 영광의 면류관을 받으려고 달려가고 있습니다. 잘하지 못해도 최선을 다하는 것입니다. 노력하는 것입니다. 어린이들에겐 어린 아이처럼 복음을 전합니다. 한 사람이라도 더 구원하려고, 나를 다 내려놓고 복음을 전합니다. 목표 없이 달리는 것이 아닙니다. 분명한 목표를 가지고 달려가고 있습니다. 믿음은 바라는 것들의 실상이고, 보이지 않는 것들의 증거가 된다는 것을 저는 믿습니다. 믿음의 역사들을 이룸으로 하나님의 살아계심과 하나님이 지금도 일하고 계심을 전하고 있습니다.

바울도 자신에게 주셨던 사명을 다 이루기 위하여 몸을 쳐 복종케 한다고 고백합니다. 남에게 복음을 전하고 나서 도리어 스스로 버림받는 가련한 신세가 되지 않으려고 몸을 쳐서 굴복시킨다는 것입니다. 면류관은 모두에게 주어지는 것이 아닙니다. 끝까지 인내하며 주어진 사명을 완수한 사람에게 의의 면류관을 주십니다. 그래서 바울은 의의 면류관을 얻기 위하여 믿음의 선한 싸움을 다 싸우고, 달려갈 길을 마치고, 믿음을 지켰다고 고백합니다.

딤후 4:7-8 나는 선한 싸움을 다 싸우고, 달려갈 길을 마치고, 믿음을 지켰습니다. 이제는 나를 위하여 의의 면류관이 마련되어 있으므로, 의로운 재판장이신 주님께서 그 날에 그것을 나에게 주실 것이며, 나에게만이 아니라 주님께서 나타나시기를 사모하는 모든 사람에게도 주실 것입니다.

바울에게뿐 아니라 믿음으로 사는 우리에게도 의의 면류관을 주실 것입니다. 그때까지 우리도 선한 싸움을 다 싸우고 우리가 가야 할 길을 달려가야 합니다. 흔들리지 말고, 끝까지 예수 그리스도의 믿음을 지켜야 합니다. 예수님도 그 길을 끝까지 걸어가셨습니다. 십자가의 길을 피하지 않으셨습니다. 고난의 길을 자처하셨습니다. 뒤로 물러서지 않으시고 제자들보다 더 앞장서서 예루살렘으로 오르셨습니다.

눅 19:28 예수께서 이 말씀을 마치시고, 앞장서서 걸으시며 예루살렘으로 올라가고 계셨다.

예루살렘은 예수님께서 바라보고 가신 푯대였습니다. 바울도 예루살렘으로, 그리고 로마에도 꼭 가겠다는 푯대를 정했습니다.

행 19:21 이런 일이 있은 뒤에, 바울은 마케도니아와 아가야를 거쳐 예루살렘으로 가기로 마음에 작정하고 "나는 거기에 갔다가, 로마에도 꼭 가 보아야 하겠습니다" 하고 말하였다.

그곳에서 어떤 일이 벌어질지 모른다고 했지만, 이미 바울은 알고 있었습니다. 그 길이 사명자의 길이었습니다. 그래서 그 길을 달려가는 것입니다.

행 20:23-24 다만 내가 아는 것은, 성령이 내게 일러주시는 것뿐인데, 어느 도시에서든지, 투옥과 환난이 나를 기다리고 있다는 것입니다. 그러나 내가 나의 달려갈 길을 다 달리고, 주 예수께 받은 사명, 곧 하나님의 은혜의 복음을 증언하는 일을 다하기만 하면, 나는 내 목숨이 조금도 아깝지 않습니다.

우리는 무엇을 위해 달려가고 있습니까? 우리의 목숨을 무엇을 위해 사용하고 있습니까? 케빈 카터란 사진작가가 있었습니다. 그는 1993년 오랜 내전으로 기아에 허덕이던 수단에 들어가 작품이 될 만한 사진을 찍고 있었습니다. 그러다 그의 눈에 한 장면이 들어왔습니다. 굶주린 아이가 엎드려 있는 모습이었습니다. 그리고 그 아이를 지켜보고 있는 독수리. 케빈 카터는 죽어가고 있는 아이를 독수리에게서 구할 것인지, 아니면 마지막 장면을 찍을 것인지 고민하다가 셔터를 눌렀고, 독수리를 쫓았지만, 그 후 아이의 생사는 알 수 없었다고 합니다. 1년 후 1994년 4월에 케빈 카터는 '독수리와 어린 소녀'란 제목으로 퓰리처상을 받습니다. 이 사진을 본 많은 사람은 카터를 비난하기 시작했습니다. 카터는 자기 생애 최고의 상을 받았지만, 결국 우울증으로 자살하고 맙니다. 아이를 살리지 못했다는 죄책감에 스스로 목숨을

끊은 것입니다.

우리는 사람을 살리는 사람입니까? 아니면 자신의 업적을 남기는 사람입니까? 우리는 무엇을 위해 우리의 재능을 사용하고 있습니까?

바울은 육신의 성공을 위해 살아왔던 사람입니다. 젊은 나이에 많은 것을 얻었습니다. 자랑할 것이 많은 사람이었습니다. 그런데 그가 부활하신 예수를 만나고 나니 그동안 쌓아왔던 자신의 업적이 쓰레기라는 것을 알게 되었습니다. 이롭게 여겨졌던 것들이 예수를 알고 나니 해로운 것이라는 것을 알게 되었습니다.

세상에서 가장 고귀한 지식은 예수를 아는 지식이라는 것을 깨달았습니다. 그래서 이젠 그리스도를 얻기 위하여 모든 것을 잃어버리고, 모든 것을 배설물로 여깁니다. 오직 예수 안에 있는 사람으로 인정받으려고 믿음으로 산다고 고백합니다. 부활에 들어가고 싶어서 고난에 동참하고 예수님의 죽으심을 본받아 살아간다고 고백합니다.

이미 목표점에 다다른 것도 아니고, 부활에 이른 것도 아니어서 부활에 들어가려고 뒤에 있는 것은 잊어버리고, 앞에 있는 것을 향하여 몸을 내밀면서 부르심의 상을 받으려고 푯대를 향하여 달려가고 있다고 바울은 고백합니다.

빌립보서 3:7-14 [그러나] 나는 내게 이로웠던 것은 무엇이든지 그리스도 때문에 해로운 것으로 여기게 되었습니다. 그뿐만 아니라, 내 주 예수 그리스도를 아는 지식이 가장 고귀하므로, 나는 그 밖의 모든 것을 해로 여깁니다. 나는 그리스도 때문에 모든 것을 잃었고, 그 모든 것을 오물로 여깁니다. 나는 그리스도를 얻고, 그리스도 안에 있는 사람으로 인정받으려고 합니다. 나는 율법에서 생기는 나 스스로의 의가 아니라, 그리스도를 믿는 믿음으로 말미암아 오는 의 곧 믿음에 근거하여, 하나님에게서 오는 의를 얻으려고 합니다. 내가 바라는 것은, 그리스도를 알고, 그분의 부활의 능력을 깨닫고, 그분의 고난에 동참하여, 그분의 죽으심을 본받는 것입니다. 그리하여 나는 어떻게 해서든지, 죽은 사람들 가운데서 살아나는 부활에 이르고 싶습니다. 나는 이것을 이미 얻은 것도 아니며, 이미 목표점에 다다른 것도 아닙니다. 그리스도 [예수]께서 나를 사로잡으셨으므로, 나는 그것을 붙들려고 좇아가고 있습니다. 형제자매 여러분, 나는 아직 그것을 붙들었다고 생각하지 않습니다. 내가 하는 일은 오직 한 가지입니다. 뒤에 있는 것은 잊어버리고, 앞에 있는 것을 향하여 몸을 내밀면서, 그리스도 예수 안에서, 하나님께서 위로부터 부르신 그 부르심의 상을 받으려고, 목표점을 바라보고 달려가고 있습니다.

그리스도인들이여! 푯대를 향하여 비상합시다. 저는 부르심에 대한 확신이 있습니다. 저를 부르신 이유는 무너진 한국교회 영성을 깨우고, 죽어가는 다음 세대를 세우는 일에 민족과 열방에 복음을 전해 그리스도의 교회를 세우는 것입니다. 그 일을 위해 17년 전, 방에서 주님이 꿈꾸신 교회를 개척했고, 20년 전, 유스비전캠프를 시작했습니다. 처음 시작은 미약했고, 미래를 알 수 없었습니다. 이름도 없는 유스비전캠프에 몇 명이 모일지, 개척은 했지만, 우리 식구 네 명 외에 앞으로 몇 명이 모일지 알 수 없었습니다. 그저 믿음으로 기도했습니다. 방에서 저와 아내, 딸과 복중에 있는 아들, 그리고 청년 4명과 함께 첫 예배를 드리고, 이름도 없이 시작한 주님이 꿈꾸신 교회는 한국교회 모델교회가 될 것이며, 사도행전적인 교회로 세워질 것이라고 선포했습니다.

그리고 7개월 뒤 전교인 20명과 함께 1,200명이 모이는 유스비전캠프를 진행했습니다. 하나님께서 하셨습니다. 하나님의 은혜였습니다. 개척교회도 할 수 있다는 모델로 세우셨습니다. 하나님은 지금도 일하시고 계십니다. 모든 것이 우연이 아니라, 분명한 푯대를 향한 믿음의 기도와 하나님의 계획하심입니다. 하나님은 우리의 간절한 기도에 응답해 주십니다.

사 55:9 하늘이 땅보다 높듯이, 나의 길은 너희의 길보다 높으며, 나의 생각은 너희의 생각보다 높다

우리가 먼저 변하지 않으면 우리에게 보내주신 영혼도 변화가 일어나지 않습니다. 순종하지 않는 사람은 하나님의 일에 방해꾼이요, 순종하는 사람은 하나님의 일에 동역자입니다. 성령님을

근심케 하는 사람들이 아니라 하나님의 마음을 시원케 해 드리는 하나님의 거룩한 자녀들이 되십시오.

주여, 나로 푯대를 향하여 비상하게 하옵소서!
주여, 다시 일어나 회복을 넘어 부흥의 주역이 되게 하소서!

푯대를 향하여 - 어노인팅

내게 유익하던 것을 다 해로 여기네
구주를 위하여 모두 다 버리네
모든 것을 잃어버려도 나 아깝지 않음은
예수를 아는 지식이 가장 고상함이라
육체를 신뢰하지 않고 겸손한 마음으로
부활의 능력과 고난에 참여하며
그의 죽으심을 본받아 그리스도를 얻고
예수의 안에서 발견되려 함이라
푯대를 향하여 그리스도 예수 안에서
부름의 상을 위하여 달려가노라
이전에 있는 것은 모두 잊어버리고
앞에 계신 그리스도께로 달려가노라
율법에서 난 것이 아니요
오직 그리스도를 믿는 믿음으로 난 것이라

말씀 다시 듣기 "푯대를 향하여 비상하라"

찬양 듣기 "푯대를 향하여"

Chapter 10

예수님과 함께 비상하라
요 21:15-19

¹⁵ 그들이 아침을 먹은 뒤에, 예수께서 시몬 베드로에게 물으셨다. "요한의 아들 시몬아, 네가 이 사람들보다 나를 더 사랑하느냐?" 베드로가 대답하였다. "주님, 그렇습니다. 내가 주님을 사랑하는 줄을 주님께서 아십니다." 예수께서 그에게 말씀하셨다. "내 어린 양 떼를 먹여라." ¹⁶ 예수께서 두 번째로 그에게 물으셨다. "요한의 아들 시몬아, 네가 나를 사랑하느냐?" 베드로가 대답하였다. "주님, 그렇습니다. 내가 주님을 사랑하는 줄을 주님께서 아십니다." 예수께서 그에게 말씀하셨다. "내 양 떼를 쳐라." ¹⁷ 예수께서 세 번째로 물으셨다. "요한의 아들 시몬아, 네가 나를 사랑하느냐?" 그 때에 베드로는, [예수께서] "네가 나를 사랑하느냐?" 하고 세 번이나 물으시므로, 불안해서 "주님, 주님께서는 모든 것을 아십니다. 그러므로 내가 주님을 사랑하는 줄을 주님께서 아십니다" 하고 대답하였다. 예수께서 그에게 말씀하셨다. "내 양 떼를 먹여라. ¹⁸ 내가 진정으로 진정으로 네게 말한다. 네가 젊어서는 스스로 띠를 띠고 네가 가고 싶은 곳을 다녔으나, 네가 늙어서는 남들이 네 팔을 벌릴 것이고, 너를 묶어서 네가 바라지 않는 곳으로 너를 끌고 갈 것이다." ¹⁹ 예수께서 이렇게 말씀하신 것은, 베드로가 어떤 죽음으로 하나님께 영광을 돌릴 것인가를 암시하신 것이다. 예수께서 이 말씀을 하시고 나서, 베드로에게 "나를 따라라!" 하고 말씀하셨다.

2024 파리올림픽 본선 출전권을 얻기 위한 아시아 최종예선 축구경기가 있었는데, 한국은 인도네시아를 만나 승부차기 끝에 10대 11로 지면서 1984년 로스엔젤레스 올림픽 이후 40년 만에 올림픽에 나가지 못하게 되어 세계 최초 올림픽 본선행 10회 달성도 좌절되었습니다. 이 경기가 더 충격이었던 것은 올림픽에 단 한 번도 출전해 보지 못한 FIFA랭킹 134위 인도네시아가 FIFA랭킹 23위인 한국을 꺾고 최초로 올림픽에 출전하게 되면서 새로운 역사를 썼다는 것입니다. 그리고 아시아의 호랑이라고 불리던 한국축구가 무너진 것입니다. 원인이 무엇이었을까요?

예수님은 이 땅에 하나님 아버지의 뜻을 이루시려고 오셨습니다. 그 뜻은 잃어버린 영혼을 찾아 구원하는 것입니다.

요 6:39 나를 내신 분의 뜻은, 내게 주신 사람을 내가 한 사람도 잃어버리지 않고, 마지막 날에 모두 살리는 일이다.

예수님께 주신 사람을 한 사람도 잃어버리지 않고 마지막 날에 모두 살리는 것이 하나님 아버지의 뜻이었습니다. 그리고 그 일을 위해서 함께 할 동역자들을 부르시고 세우셨습니다. 그들은 모두 하나같이 세상에 내세울 것 없는 평범한 사람들이었습니다.

막 3:13 예수께서 산에 올라가셔서, 원하시는 사람들을 부르시니, 그들이 예수께로 나아왔다.

하나님께 쓰임 받은 사람들 대부분은 평범하거나 그보다 더 못한 사람들이었고, 그들을 부르시고 그들에게 사명과 능력을 주셔서 하나님의 일을 감당케 했습니다. 지금의 내 모습이 어떠하든지 하나님 눈에만 발견되면 쓰임 받을 수 있습니다. 하나님은 우리의 상황이나 자랑할 이력을 보시는 것이 아니라 중심을 보십니다. 충직과 성실함을 보십니다.

밀이삭을 타작하고 있던 기드온(삿 6:11 주의 천사가 아비에셀 사람 요아스의 땅 오브라에 있는 상수리나무 아래에 와서 앉았다. 그 때에 요아스의 아들 기드온은, 미디안 사람들에게 들키지 않으려고, 포도주 틀에서 몰래 밀이삭을 타작하고 있었다.), **아버지의 양을 치던 소년 다윗**(삼상 16:11 사무엘이 이새에게 "아들들이 다 온 겁니까?" 하고 물으니, 이새가 대답하였다. "막내가 남아 있기는 합니다만, 지금 양 떼를 치러 나가고 없습니다." 사무엘이 이새에게 말하였다. "어서 사람을 보내어 데려오시오. 그가 이 곳에 오기 전에는 제물을 바치지 않겠소."), **열두 겨릿소로 밭을 갈고 있던 엘리사**(왕상 19:19 엘리야가 그 곳을 떠나서, 길을 가다가, 사밧의 아들 엘리사와 마주쳤다. 엘리사는 열두 겨릿소를 앞세우고 밭을 갈고 있었다. 열한 겨리를 앞세우고, 그는 열두째 겨리를 끌고서, 밭을 갈고 있었다. 엘리야가 엘리사의 곁으로 지나가면서, 자기의 외투를 그에게 던져 주었다.), 갈릴리 호수에서 밤이 맞도록 고기 잡던 베드로(눅 5:5 시몬이 대답하기를 "선생님, 우리가 밤새도록 애를 썼으나, 아무것도 잡지 못했습니다. 그러나 선생님의 말씀에 따라 그물을 내리겠습니다" 하였다.), 바리새인의 전통과 율법을 따라 살았던 사울(빌 3:5 나는 난 지 여드레 만에 할례를 받았고, 이스라엘 민족 가운데서도 베냐민 지파요, 히브리 사람 가운데서도 히브리 사람이요, 율법으로는 바리새파 사람이요), 평범할 뿐 아니라 죄인이라 할지라도 하나님은 그들을 부르시고 변화시켜 하나님 일에 동참케 하십니다.

예수님은 제자가 되겠다고 따라온 수많은 사람 중에 특별한 임무를 수행할 열둘을 세우시고, 그들을 사도라고 불렀습니다. 그들에게 주신 임무는 귀신을 쫓아내며 약한 자들을 고쳐 주고, 말씀을 전파하는 것이었습니다.

막 3:14-15 예수께서 열둘을 세우시고 [그들을 또한 사도라고 이름하셨다.] 이것은, 예수께서 그들을 자기와 함께 있게 하시고, 또 그들을 내보내어서 말씀을 전파하게 하시며, 귀신을 쫓아내는 권능을 가지게 하시려는 것이었다.

열두 명의 사도는 제자 중에서도 특임대 요원들이었습니다. 그리고 열두 명 중에서도 세 사람, 베드로와 야고보와 요한은 특별히 따로 데리고 다니실 정도로 더 가까이서 훈련시켰던 제자들이었습니다. 복음서에서는 열두 제자의 이름을 쓰면서 베드로와 야고보에게는 독특한 별명까지 붙여 주십니다.

막 3:16-17 [예수께서 열둘을 임명하셨는데,] 그들은, 베드로라는 이름을 덧붙여 주신 시몬과, '천둥의 아들'을 뜻하는 보아너게라는 이름을 덧붙여 주신 세베대의 아들들인 야고보와, 그의 동생 요한과,

요한의 아들 시몬에겐 베드로란 이름을 주십니다. '베드로'의 다른 이름이 '게바'입니다. 게바는 예수님 시대 갈릴리 지방에서 사용하던 아람어이고, 베드로는 헬라어로 '바위', '반석'을 뜻하는 이름입니다. 예수님은 시몬에게 "장차 게바가 되리라"고 말씀하십니다.

요 1:42 그런 다음에 시몬을 예수께로 데리고 왔다. 예수께서 그를 보시고 말씀하셨다. "너는 요한의 아들 시몬이로구나. 앞으로는 너를 게바라고 부르겠다." ('게바'는 '베드로' 곧 '바위'라는 말이다.)

지금은 흔들리는 갈대와 같지만, 장차 흔들리지 않는 반석, 바위가 될 것이라고 하셨습니다. 지금은 믿음이 부족하지만, 장차 큰 믿음의 역사를 일으키리라는 것입니다. 지금 당장 나의 모습에 너무 낙심하지 말길 바랍니다. 우리도 장차 게바가 될 수 있습

니다. 큰 믿음의 역사를 일으킬 수 있습니다.

세배대의 아들 야고보에게는 '천둥의 아들'을 뜻하는 보아너게라는 이름도 붙여 주십니다. 저는 어릴 적 별명이 머리가 노래서 '노랑멀래, 미국놈'이었습니다. 그래서 전 어릴 적 소박한 꿈이 노랑머리 미국 여자를 만나서 결혼하는 것이었습니다. 저는 그 꿈을 이루지 못했지만, 저의 아들은 가능하지 않을까요?

야고보는 뜨거운 열정의 사람이었습니다. '천둥의 아들' 요즘 말로 말하면 '번개맨'이었습니다. 복음을 지키기 위해 죽음도 불사하는 '불의 사도'였습니다. 열두 제자 중 제일 먼저 순교자의 명단에 올린 사람이 야고보였습니다.

행 12:1-2 이 무렵에 헤롯 왕이 손을 뻗쳐서, 교회에 속한 몇몇 사람을 해하였다. 그는 먼저 요한과 형제간인 야고보를 칼로 죽였다.

요한은 예수님께 특별히 사랑을 받았던, 예수님이 사랑하는 제자, 사랑의 사도였습니다. 이들 모두 갈릴리에서 고기 잡던 사람들이었습니다. 그들을 예수님은 찾아내시고 부르신 것입니다.

"나를 따르라 내가 너로 사람을 낚는 어부가 되게 하리라"

막 1:16-20 예수께서 갈릴리 바닷가를 지나가시다가, 시몬과 그의 동생 안드레가 바다에서 그물을 던지고 있는 것을 보셨다. 그들은 어부였다. 예수께서 그들에게 말씀하셨다. "나를 따라오너라. 내가 너희를 사람을 낚는 어부가 되게 하겠다." 그들은 곧 그물을 버리고 예수를 따라갔다. 예수께서 조금 더 가시다가, 세베대의 아들 야고보와 그의 동생 요한이 배에서 그물을 깁고 있는 것을 보시고, 곧바로 그들을 부르셨다. 그들은 아버지 세베대를 일꾼들과 함께 배에 남겨 두고, 곧 예수를 따라갔다.

지금도 예수님은 사람을 찾고 계십니다. 현장에서 자기 일에 성실한 사람, 하나님의 일을 완수할 수 있는 사람을 찾고 계십니다. 집안 배경이 좋고, 공부를 잘하고, 돈과 권력이 있는 사람을 찾는 것이 아니라, 자랑할 것 아무것도 없는 가장 연약한 사람들을 찾아서 위대한 일을 준비시키십니다.

고전 1:26 형제자매 여러분, 여러분이 부르심을 받을 때에, 그 처지가 어떠하였는지 생각하여 보십시오. 육신의 기준으로 보아서, 지혜 있는 사람이 많지 않고, 권력 있는 사람이 많지 않고, 가문이 훌륭한 사람이 많지 않았습니다.

무명해도 괜찮고, 가난해도 괜찮고, 공부를 좀 못해도 괜찮습니다. 베드로도 학문이 없는 사람이었습니다. 그런 그가 부활하신 예수를 만나고 성령의 충만함을 받고 나니까 앉은뱅이를 일으키는 능력의 사도가 되었습니다. 예수로 충만하면 됩니다. 예수와 함께하면 됩니다. 예수님이면 됩니다. 예수님이 답이십니다.

"예수가 답이다!"

마가복음 16:20 그들은 나가서, 곳곳에서 복음을 전파하였다. 주님께서 그들과 함께 일하시고, 여러 가지 표징이 따르게 하셔서, 말씀을 확증하여 주셨다.

충만 - 손경민

무명이어도 공허하지 않은 것은 예수 안에 난 만족함이라
가난하여도 부족하지 않은 것은 예수 안에 오직 나는 부요함이라
고난중에도 견디낼 수 있는 것은 주의 계획 믿기 때문이라
실패하여도 일어설 수 있는 것은 예수 안에 오직 나는 승리함이라
난 예수로 예수로 예수로 충만하네 난 예수로 예수로 예수로 충만하네
난 예수로 예수로 예수로 충만하네 영원한 왕 내 안에 살아계시네

내 몸이 약해도 낙심하지 않는 것은 예수 안에 난 완전함이라
화려한 세상 부럽지 않은 것은 난 예수로 예수로 충만함이라
난 예수로 예수로 예수로 충만하네 세상 모든 것들도 부럽지 않네
난 예수로 예수로 예수로 충만하네 영원한 왕 내 안에 살아계시네
난 예수로 예수로 예수로 충만하네 세상 모든 풍파도 두렵지 않네

난 예수로 예수로 예수로 충만하네 영원한 왕 내 안에 살아계시네
영원한 왕 내 안에 살아계시네

이새의 아들 다윗은 여덟 번째 아들이었습니다. 첫째도 아니고, 둘째도 아닌 여덟 번째 아들, 영적 유산인 장자의 축복을 받을 수도 없는 열외의 아들이었습니다. 그래서 다윗이 하는 일은 아버지를 도와 광야에 나가 아버지의 양을 치는 것이었습니다. 형제들에게도 인정받지 못하고 아버지에게도 그닥 인정받지 못하며 살았던 다윗, 그에게 어떤 소망이, 어떤 꿈이 있었을까요?

저는 전라북도 부안군 동진면 당상리 용화동 635번지 버스도 들어오지 않는 시골 동네에서 살았습니다. 저는 3남 3녀 중 다섯 번째, 셋째 아들 막둥이로 태어났습니다. 형들은 공부한다고 일찍이 도시로 나갔습니다. 그래서 서울대, 연세대에 들어갔습니다. 저는 중학교 때까지 시골에 남아 아버지의 일을 도왔습니다. 과수원일, 논일, 밭일, 소, 돼지 축사 일을 도와 일했습니다. 돼지 똥을 삽으로 치우고 물청소를 하면 똥물이 온몸에 튀고 입에도 들어갑니다. 그런 저에게 어떤 꿈이 있었을까요?

다윗은 사울 왕 앞에서 이런 말을 합니다.

삼상 17:34-36 그러나 다윗은 굽히지 않고 사울에게 말하였

다. "임금님의 종인 저는 아버지의 양 떼를 지켜 왔습니다. 사자나 곰이 양 떼에 달려들어 한 마리라도 물어가면, 저는 곧바로 뒤쫓아가서 그 놈을 쳐죽이고, 그 입에서 양을 꺼내어 살려 내곤 하였습니다. 그 짐승이 저에게 덤벼들면, 그 턱수염을 붙잡고 때려 죽였습니다. 제가 이렇게 사자도 죽이고 곰도 죽였으니, 저 할례받지 않은 블레셋 사람도 그 꼴로 만들어 놓겠습니다. 살아 계시는 하나님의 군대를 모욕한 자를 어찌 그대로 두겠습니까?"

저도 아버지의 소와 돼지를 치면서 파리떼와 모기떼가 달려들면, 한 손엔 모기약을, 한 손엔 모기향 수십 개를 피워서 그놈들을 쳐 죽이고, 돼지 막사 지붕에 살고 있는 수십 마리 쥐들을 손으로 잡아 죽이고 돼지들을 살려내곤 했습니다. 그러니 살아 계시는 하나님을 모욕하는 자를 어찌 제가 가만 두겠습니까? 하나님은 하나님밖에 모르는 다윗을 사랑하셨습니다. 이 세상에 하나님 같은 분은 없다고 말하는 다윗을 사랑하셨습니다. 하나님도 다윗을 마음에 두시고 내 마음에 합한 자라고 칭찬하십니다.

행 13:22 그 다음에 하나님께서는 사울을 물리치시고서, 다윗을 그들의 왕으로 세우시고, 증언하여 말씀하시기를 '내가 이새의 아들 다윗을 찾아냈으니, 그는 내 마음에 드는 사람이다. 그가 내 뜻을 다 행할 것이다' 하셨습니다.

하나님은 교만해진 사울 왕을 폐하시고 이스라엘을 이끌 새로운 왕으로 다윗을 세우십니다. 하나님이 다윗과 함께하심으로 다윗은 전쟁에 나갔다 하면 승리합니다. 그렇게 무적의 다윗의 나라 이스라엘이 세워질 때, 다윗은 한순간의 유혹을 이기지 못하고 죄를 범하게 됩니다.

암몬과의 전쟁 중에 다윗이 출전하지 않고 왕실에 머물 때 한 여인이 목욕하는 것을 보게 되고, 그 여인이 누구인지 알아보게 합니다. 그 여인은 전쟁에 나가 있는 우리야의 아내 밧세바였습니다. 그래서 그 여인을 데려다가 정을 통합니다. 그런데 밧세바가 임신을 하게 된 것입니다. 그 사실을 알게 된 다윗은 자신의 죄를 감추기 위해 전쟁터에 나가 있는 우리야를 불러들이고 밧세바와 잠자리를 갖게 하지만 우리야는 종들과 함께 대궐 문간에서 자고 집으로 들어가지 않습니다. 우리야는 '충군'이었던 것입니다.

다윗은 자신의 계획이 실패로 돌아가자 이번엔 가장 치열한 전쟁터에 우리야를 앞장세워 전쟁 중에 죽게 만듭니다. 한 번 죄에 미혹되면 자신이 지금 무슨 일을 하는지도 알지 못하고 더 악한 죄를 범하게 됩니다. 자신의 죄를 감추기 위해 치밀한 계획을 세웠던 다윗을 하나님은 다 보셨습니다. 그리고 다윗에게 나단 선지자를 보내십니다. 나단은 한 예를 들면서 한 마을에 두 사람이 살았는데 한 사람은 부자고, 한 사람은 가난한데 부자가 어린 암양 한 마리밖에 없는 가난한 사람의 양을 뺏어서 사람들에게 대접했다는 것입니다. 그 말을 들은 다윗은 "세상에 그런 악한 놈이 어디 있느냐, 그놈은 당장 잡아 죽여야 한다"라고 말을 합니다. 그러자 나단이 "임금님이 바로 그 사람입니다"라고 말을 합니다.

삼하 12:7-9 나단이 다윗에게 말하였다. "임금님이 바로 그 사람입니다. 주 이스라엘의 하나님이 이렇게 말씀하십니다. '내가 너에게 기름을 부어서, 이스라엘의 왕으로 삼았고, 또 내가 사울의 손에서 너를 구하여 주었다. 나는 네 상전의 왕궁을 너에게 넘겨 주고, 네 상전의 아내들도 네 품에 안겨 주었고, 이스라엘 사람들과 유다 나라도 너에게 맡겼다. 그것으로도 부족하다면, 내가 네게 무엇이든지 더 주었을 것이다. 그런데도 너는, 어찌하여 나 주의 말을 가볍게 여기고, 내가 악하게 여기는 일을 하였느냐? 너는 헷 사람 우리야를 전쟁터에서 죽이고 그의 아내를 빼앗아 네 아내로 삼았다. 너는 그를 암몬 사람의 칼에 맞아서 죽게 하였다.

하나님께 인정받으며, 승승장구하던 다윗이 하루아침에 무너진 것입니다. 이유가 무엇이었습니까? 한순간의 유혹을 이기지 못한 것입니다. 다윗의 죄는 하나님의 택하심을 잊은 것이었습니다. 하나님의 돌보심을 잊었고, 하나님의 채우심에 감사가 없었던 것입니다. 그리고 그가 중히 여기던 하나님의 말씀을 가볍게 여긴 것입니다. 그래서 하나님이 악하게 여기는 일을 한 것입니다.

신앙생활 잘하던 사람이 믿음에서 떠나고, 사업이 무너지고, 가정이 깨지고, 삶이 엉망진창이 되는 이유가 어디에 있습니까? 하나님을 잊은 것입니다. 처음 사랑을 저버린 것입니다. 선악과의 유혹을 이기지 못한 것입니다.

다윗은 하나님의 사람의 말을 듣고 그 자리에서 엎드립니다. 회개하며 용서를 구합니다. 그런 다윗을 하나님은 용서하시고, 다시 일어서게 하십니다. 다윗은 나단 선지자의 말을 듣고 이렇게 고백합니다.

시 51:1-17 하나님, 주님의 한결같은 사랑으로 내게 자비를 베풀어 주십시오. 주님의 크신 긍휼을 베푸시어 내 반역죄를 없애 주십시오. 내 죄악을 말끔히 씻어 주시고, 내 죄를 깨끗이 없애 주십시오. 나의 반역을 내가 잘 알고 있으며, 내가 지은 죄가 언제나 나를 고발합니다. 주님께만, 오직 주님께만, 나는 죄를 지었습니다. 주님의 눈 앞에서, 내가 악한 짓을 저질렀으니, 주님의 판결은 옳으시며 주님의 심판은 정당합니다. 실로, 나는 죄 중에 태어났고, 어머니의 태 속에 있을 때부터 죄인이었습니다. 마음 속의 진실을 기뻐하시는 주님, 제 마음 깊은 곳에 주님의 지혜를 가르쳐 주셨습니다. 우슬초로 나를 정결케 해주십시오. 내가 깨끗하게 될 것입니다. 나를 씻어 주십시오. 내가 눈보다 더 희게 될 것입니다. 기쁨과 즐거움의 소리를 들려주십시오. 주님께서 꺾으신 **뼈**들도, 기뻐하며 춤출 것입니다. 주님의 눈을 내

죄에서 돌리시고, 내 모든 죄악을 없애 주십시오. 아, 하나님, 내 속에 깨끗한 마음을 창조하여 주시고 내 속을 견고한 심령으로 새롭게 하여 주십시오. 주님 앞에서 나를 쫓아내지 마시며, 주님의 성령을 나에게서 거두어 가지 말아 주십시오. 주님께서 베푸시는 구원의 기쁨을 내게 회복시켜 주시고, 내가 지탱할 수 있도록 내게 자발적인 마음을 주십시오. 반역하는 죄인들에게 내가 주님의 길을 가르치게 하여 주십시오. 죄인들이 주님께로 돌아올 것입니다. 하나님, 나를 구원하시는 하나님, 내가 살인죄를 짓지 않게 지켜 주십시오. 내 혀가 주님의 의로우심을 소리 높여 외칠 것입니다. 주님, 내 입술을 열어 주십시오. 주님을 찬양하는 노래를 내 입술로 전파하렵니다. 주님은 제물을 반기지 않으시며, 내가 번제를 드리더라도 기뻐하지 않으십니다. 하나님께서 원하시는 제물은 찢겨진 심령입니다. 오, 하나님, 주님은 찢겨지고 짓밟힌 마음을 멸시하지 않으십니다.

다윗은 회개만 한 것이 아니라, 주님의 길을 가르치고, 죄인들을 주님께로 돌아오게 하며, 입술로 주님의 의로우심을 찬양하며 전파하겠다고 고백합니다. 주님께서 원하시는 것은 수많은 제물이 아니라, 찢겨진 심령, 상처 난 심령을 원하십니다. 비록 상처 나고, 피 흘리고, 냄새나고, 더러워졌지만 주께 나와 엎드려 눈물로 회개하는 자의 기도를 들으시는 하나님이십니다. 다윗은 그 하나님 앞에 다시 나온 것입니다. 다시 그 은혜를 붙든 것입니다.

정결한 마음 주시옵소서 오 주님 정직한 영을 새롭게 하소서
정결한 마음 주시옵소서 오 주님 정직한 영을 새롭게 하소서
나를 주님 앞에서 멀리하지 마시고 주의 성령을 거두지 마옵소서
그 구원의 기쁨 다시 회복시키시며 변치 않는 맘 내 안에 주소서

예수님이 수난과 죽음에 대해 세 번씩 강조하시며 제자들에게 말씀하셨을 때 베드로는 절대로 예수님을 떠나지도 않을 것이며 예수님 가시는 그 길 끝까지 따라가겠다고 호언장담을 했습니다.

마 26:33-35 베드로가 예수께 말하였다. "비록 모든 사람이 다 주님을 버릴지라도, 나는 절대로 버리지 않겠습니다." 예수께서 그에게 말씀하셨다. "내가 진정으로 네게 말한다. 오늘 밤에 닭이 울기 전에, 네가 세 번 나를 모른다고 할 것이다." 베드로가 예수께 말하였다. "주님과 함께 죽는 한이 있을지라도, 절대로 주님을 모른다고 하지 않겠습니다." 그리고 다른 제자들도 모두 그렇게 말하였다.

베드로와 함께 다른 제자들도 주님과 함께 죽는 한이 있을지라도, 절대로 주님을 모른다고 하지 않겠다고 큰소리칩니다. 그런데 진짜 그런 상황이 펼쳐졌습니다. 예수님이 대제사장들이 보낸 군사들에게 포박을 당하고 끌려가 무기력하게 십자가 처형을 당하는 것입니다. 제자들은 뿔뿔이 흩어졌고 그나마 베드로는 예

수님이 심문받는 대제사장의 마당까지 따라갔지만, 여종이 "당신은 예수의 제자죠?"라는 질문에 세 번씩 부인하고 저주하며 도망을 칩니다. 예수님의 열두 제자 중에 특별한 지도를 받고 예수님의 수제자로 제일 먼저 앞장서서 당당히 걸었던 베드로의 위풍당당한 모습은 온 데, 간데없고, 초라한 배신자의 뒷모습만 남겼습니다.

부활하신 예수님을 직접 봤음에도 불구하고 베드로는 고향 갈릴리로 돌아가 다시 고기 잡는 인생이 됩니다. 예수님과 함께했던 지난 3년의 세월이 언제 그랬냐는 듯이 찢어진 그물을 깁고, 배에 올라 다시 그물을 던집니다. 하지만 3년 전처럼 고기 한 마리도 잡지 못한 채 깊은 밤이 지나고 날이 샙니다.

내가 처음 예수님을 만났을 때, 초라한 나의 인생을 붙드시고, 은혜 주시고, 구원해 주셨는데, 그래서 그땐 참 행복하고 감사하고 사랑했는데, 다시 세상에 눈을 돌리고, 세상을 사랑하여 주를 떠나 너덜너덜 찢겨진 마음, 병든 육체가 되어 있는 나의 모습을 볼 때, '나는 왜 이러지? 나는 이것밖에 못 되나? 나에겐 더 이상 희망이 없나?' 비루한 나 자신을 보게 됩니다. 예수님은 오늘도 그런 인생을 찾아와 주시고 다시 이름을 불러 주십니다.

"요한의 아들 시몬아!"
"사랑하는 아들아, 딸아!"

우리의 모든 아픔과 사정을 아시는 주님께서 오늘 우리의 이름을 부르고 계십니다.

언제쯤 다시 볼 수 있을까 - 장용성

사랑한다 내 아들아 내가 너를 사랑한다
사랑한다 내 딸들아 너는 나의 사랑이라
언제쯤 다시 볼 수 있을까 아른거리는 너의 모습
많이 사랑했는데 널 사랑하는데 그렇게 떠나버린
내 가슴엔 눈물이 흐르고 아파 오는 심장은 두근두근
함께했던 시간들 행복했던 순간들 오늘도 널 그리워한다
십자가의 그 사랑 널 위한 한결같은 사랑
남김없이 흘리신 하나님 눈물 그 사랑
사랑한다 내 아들아 내가 너를 사랑한다
사랑한다 내 딸들아 너는 나의 사랑이라

요한복음 21:15 그들이 아침을 먹은 뒤에, 예수께서 시몬 베드로에게 물으셨다. "요한의 아들 시몬아, 네가 이 사람들보다 나를 더 사랑하느냐?" 베드로가 대답하였다. "주님, 그렇습니다. 내가 주님을 사랑하는 줄을 주님께서 아십니다." 예수께서 그에게 말씀하셨다. "내 어린 양 떼를 먹여라."

죄책감으로 낙심하여 떠난 베드로에게 사랑으로 다가오신 예수님은 다시 사명을 주시며 일으켜 세우십니다.

"네가 이 사람들보다 나를 더 사랑하느냐? 내 어린 양 떼를 먹여라."

우리 같으면 "니가 그럴 수 있어? 어떻게 나를 배신해? 어떻게 나한테 그럴 수 있어? 넌 인간도 아냐! 나를 사랑한다고? 이제 그런 말 안 믿어! 다시는 내 앞에 나타나지도 마!"하지 않을까요. 예수님은 일흔 번의 일곱 번이라도 용서해야 한다고 말씀하셨던 것처럼 또 용서하시고, 또 하나님의 일에 불러 주십니다. 하나님의 일을 맡기십니다. 그리고 "이제까지는 네 맘대로 다녔지만, 네가 늙어서는 네가 원하는 대로가 아닌, 네가 바라지 않는 곳으로 남이 너를 끌고 갈 것이다"라는 말씀을 하십니다. '능동자(能動者)'의 삶이 아닌 '수동자(受動者)'의 삶을 살게 될 것이라고 말씀하십니다.

> **요 21:18** 내가 진정으로 진정으로 네게 말한다. 네가 젊어서는 스스로 띠를 띠고 네가 가고 싶은 곳을 다녔으나, 네가 늙어서는 남들이 네 팔을 벌릴 것이고, 너를 묶어서 네가 바라지 않는 곳으로 너를 끌고 갈 것이다.

다시 용기를 주시는 예수님, 다시 사명을 주시는 예수님, 다시 일으켜 주시는 예수님, 베드로는 주의 말씀 의지하여 다시 일어섭니다. 아버지의 약속을 기다리며 기도의 골방으로 들어갑니다. 그리고 오순절이 되어 불같은 성령을 받습니다. 마침내 시몬은 게바가 됩니다. 담대하게 예수 그리스도의 부활의 복음을 선포하고 예수 증인의 삶을 삽니다. 성전 미문에 앉아 있던 앉은뱅이를 예수 이름으로 일으킵니다. 욥바에 있던 여제자 다비다가 병들어 죽었을 때, 베드로는 무릎을 꿇고 기도하고 죽은 시신을 향하여 외칩니다. "다비다여, 일어나라!" 그러자 그 여자가 눈을 뜨고 일어나는 것입니다. 하나님이 베드로의 기도를 들으신 것입니다.

> **행 9:36** 그런데 욥바에 다비다라는 여제자가 있었다. 그 이름은 그리스 말로 번역하면 도르가인데, 이 여자는 착한 일과 구제 사업을 많이 하는 사람이었다.

자신의 것을 다 비우며 선한 일을 행하며 살았던 다비다(도르가)를 기억하신 하나님께서 베드로의 기도를 들으시고 "다비다 도로 가!" 다비다를 살리십니다. 평범함 이하의 무식쟁이 어부 베드로, 배신자 베드로가 능력자가 되어 앉은뱅이를 일으키고, 죽은 자를 살리고, 베드로의 그림자만 지나가도 병든 자를 낫게 하는 능력의 사도가 되었습니다. 삼류 변두리 인생이 예수님 때문에 일류 명품인생이 된 것입니다. 우리도 예수님을 만나면 명품인생이 될 수 있습니다. 명품을 걸치고 다니는 인생이 명품인생이 아니라, 예수님과 함께 하는 인생이 명품인생입니다. 다시 예수님과 함께 비상하면 됩니다. 다시 예수님의 손을 붙잡고 일어서면 됩니다. 다시 예수님의 음성을 듣고 사명으로 일어서면 됩니다. 예수님이 답이십니다. 예수님과 함께 다시 비상합시다.

말씀을 준비하고 잠이 들었는데 새벽에 꿈을 꾸었습니다. 꿈속에서 한 찬양을 부르다가 깼습니다. 그리고 그 찬양을 잊지 않으려고 녹음을 했습니다.

그 길을 따르리 - 장용성

따르리라 따르리라 주님 가신 그 길을 따르리
따르리라 따르리라 주님 십자가 지고 따르리
주 따라갑니다 나를 부인하고
주 따르렵니다 나의 십자가 지고
주 따라갑니다 나를 내려놓고
주 따르렵니다 나의 십자가 지고
따르리라 따르리라 주님 가신 그 길을 따르리
따르리라 따르리라 주님 십자가 지고 따르리

말씀 다시 듣기 "예수와 함께 비상하라"

찬양 듣기 "그 길을 따르리"

에필로그

광야에서 들려오는 사랑의 소리

나를 따라오너라.
내가 너로 사람을 낚는 어부가 되게 하리라.

정말요? 저 같은 사람을요? 제가 무엇이라고? 저는 이제 아직 어린 여덟 살 어린이인데요?

십자가 등 하나 켜져 있는 어두운 예배당 장의자 한구석에서 눈물 흘리며 기도하고 있던 한 아이는 자라서 영혼을 구원하는 목사가 되었습니다.

불치병으로 사경을 헤매던 한 형제는 부활하신 예수님을 만나고 치유와 성령의 임재를 경험합니다. 예수님을 뜨겁게 사랑한 형제는 세계를 다니며 복음을 전하며 영혼을 구원하는 선교사가 됩니다.

모태 불자로 태어나 오십 중년이 넘어 교회에 발을 내딛고, 예수님의 사랑을 경험한 한 자매는 그 사랑이 너무 커 새벽마다 눈물을 흘리며 주께 엎드립니다.

인생의 괴로움을 술로 이겨내려 했던 자매는 예수님을 만나자 참 기쁨과 자유를 누리며 향유를 붓는 심정으로 예수님께 매일의 삶을 드립니다.

아이들 학자금으로 적립한 돈, 목사님 개척하신 교회에 헌금하라고 하시네요. 그래서 얼른 마음 바뀌지 않게 가져왔어요. 얼마 되지 않지만 렙돈을 드립니다.

목사님, 성적장학금 백만 원 받았는데, 다음 세대 위해 사용해 주세요.

목사님, 저는 이곳에서 무엇을 할 수 있을까요? 제가 할 수 있는 일이 있을까요?

네, 그 자리 앉아 계시는 것만으로도 큰일 하고 계시는 것입니다. 함께 해 주셔서 감사합니다.

모두가 부활하신 예수님을 만난 사람들의 사랑 이야기입니다.

광야는 하나님의 음성을 들을 수 있는 사랑의 장소입니다.
광야는 하나님의 임재를 경험할 수 있는 능력의 장소입니다.

광야는 나를 버리고 주를 품을 수 있는 비움과 채움의 자리입니다.
광야는 하나님 없이는 살 수 없는 자리입니다.
그 광야에서 저는 오늘도 외칩니다.

회개하라! 천국이 가까이 왔느니라!
회개하라! 주님의 재림이 가까이 왔느니라!

오늘도 저는 광야 한복판인 교회에서 주님의 사랑을 느낍니다. 조용히 눈물 흘릴 때, 내 눈물을 닦아주시는 주님, 그리고 주님의 음성을 듣습니다.

"용성아, 울지마. 뚝!"

오늘도 저는 사랑의 소리를 듣습니다.
광야에서!
깊은 광야에서!

"나를 따라오너라! 내가 너로 사람을 낚는 어부가 되게 하리라!"